Udo Rauchfleisch

Weise, kühn und lebensklug

Udo Rauchfleisch

Weise, kühn und lebensklug

Chancen und Neubeginn im Alter

Kreuz

Bibliografische Information der Deutschen Bibliothek
Die Deutsche Bibliothek verzeichnet diese Publikation in der
Deutschen Nationalbibliografie; detaillierte bibliografische Daten
sind im Internet über http://dnb.ddb.de abrufbar.

© 2008 Verlag Kreuz GmbH
Postfach 80 06 69, 70506 Stuttgart

www.kreuzverlag.de

Alle Rechte vorbehalten
Umschlaggestaltung: [rincón]² medien GmbH, Köln
Umschlagbild: © Christopher Robbins/Getty Images
Autorenfoto: © Claude Giger
Satz: de·te·pe, Aalen
Druck: CPI – Clausen & Bosse, Leck

ISBN 978-3-7831-3036-2

Inhalt

Vorwort

Nochmals ein Buch über Altersfragen? Macht das Sinn, wo es doch bereits recht viel Literatur zu diesem Thema gibt? Solche Fragen mögen sich den Leserinnen und Lesern stellen, die dieses Buch in die Hand nehmen.

Einerseits ist es tatsächlich so, dass mit der stark ansteigenden Zahl von Menschen im höheren Lebensalter auch die Zahl der Publikationen zu diesem Thema erheblich angestiegen ist. Andererseits sind dies aber vor allem Fachbücher aus medizinischer und psychologischer Sicht und weniger Werke, die sich an eine breitere, interessierte Öffentlichkeit wenden. Dies aber ist das Ziel des vorliegenden Buches.

Außerdem zeichnen sich viele Werke, die speziell das höhere Alter thematisieren, durch eine recht negative Sicht aus. Es werden vor allem die problematischen und bedrückenden Seiten des Alters dargestellt, Alterserkrankungen, Pflegebedürftigkeit und andere Schwierigkeiten, die im Alter auftreten können.

Das vorliegende Buch verfolgt das umgekehrte Ziel: Es ist der ausdrückliche Wunsch des Autors und der Programmleiterin im Kreuz-Verlag, Frau Dr. Mathilde Fischer, aufzuzeigen, dass gerade diese Lebensphase eine Fülle von Möglichkeiten in sich birgt. Denn das Altern ist nicht in erster Linie ein Prozess des Nachlassens der Kräfte, des intellektuellen Abbaus und des sozialen Rückzugs. »Chancen« und »Neubeginn« in den Mittelpunkt zu stellen, heißt nicht, die tatsächlich mit dem höheren Alter verbundene Einschränkungen auszublenden. Ziel dieses Buches ist vielmehr, ein *Gegengewicht zu einer einseitig negativen Sicht des Alters* zu setzen.

Eine genaue Betrachtung der verschiedenen Lebensbereiche älterer Menschen zeigt, dass sich gerade im Alter viel-fältige neue Möglichkeiten auftun. Um sie nutzen zu kön-nen, ist es notwendig, dass wir uns ihrer bewusst werden. Erst dann erkennen wir die Chancen eines Neubeginns, die diese Lebensphase bietet und die es wahrzunehmen und zu realisieren gilt. Im jüngeren und mittleren Lebensalter war vieles nicht möglich – aus den verschiedensten Gründen: sei es, dass es an Zeit und Kräften gefehlt hat, sei es aus finan-ziellen Gründen, sei es, weil es noch an der dazu notwendi-gen Lebenserfahrung gemangelt hat. Nun aber, im höheren Alter, sind diesbezüglich günstige Voraussetzungen gegeben, auf deren Basis diese Lebensphase konstruktiv gestaltet und neue Entwicklungen eingeleitet werden können.

Dies betrifft die Möglichkeiten einer beruflichen Tätig-keit, alternative Wohnformen, zum Beispiel in einer Alters-WG, die Rolle der Medien im Leben Älterer, das Eingehen neuer Liebesbeziehungen im Alter, die Frage, wie Men-schen mit gleichgeschlechtlichen Orientierungen ihr Leben im Alter gestalten, die Auseinandersetzung mit dem Jugend-lichkeitsideal in unserer Gesellschaft, den Eintritt ins Pflege-heim, das Umgehen mit den im Alter mehr und mehr er-folgenden Abschieden, die Nähe-Distanz-Regulierung, die Frage, ob es so etwas wie Gelassenheit und Weisheit im Alter gibt, und schließlich die letzte Phase des Lebens in Form eines Weges nach innen. Dies sind die Themen, mit denen sich das vorliegende Buch beschäftigt. Alle genann-ten Bereiche haben ihre schwierigen und manchmal auch ausgesprochen dunklen Seiten. Immer aber auch bergen selbst die schwierigsten Situationen in sich die Chance ei-nes konstruktiven, die Entwicklung des betreffenden Men-schen fördernden Umgangs damit. Diese Dimension aufzu-zeigen ist das Ziel des Autors.

Die Kapitel beginne ich meistens mit einem Beispiel, um dadurch das zu behandelnde Thema konkret werden zu las-sen. Die gewählten biografischen Beispiele entstammen meiner Erfahrung aus der therapeutischen Begleitung betagter Menschen und ihrer Angehörigen, aber auch aus Supervisionen mit Professionellen, die im Bereich der Betreuung und Behandlung älterer Menschen tätig sind. Die Beispiele sind so stark anonymisiert, dass der Persönlichkeitsschutz der Betreffenden gewährleistet ist. In einem anschließenden Kommentar werde ich jeweils die dargestellte Situation diskutieren und sie speziell auf die darin liegenden Chancen und Möglichkeiten eines Neubeginns hin untersuchen.

Mit diesem Buch möchte ich mich an ältere und jüngere Menschen, die ja auch einmal alt werden und betagte Verwandte und Freunde haben, wenden und ebenso an Angehörige und Professionelle der verschiedensten Disziplinen, die mit Betagten arbeiten. Möge es uns allen Mut machen, alt zu werden, und uns die Augen dafür öffnen, dass das Alter uns neue, in früheren Jahren nicht mögliche oder nicht genutzte Chancen bietet.

Basel, im November 2007   Udo Rauchfleisch

Die Zeit nach der Pensionierung – Abschluss des Lebens oder Neubeginn?

Im Zusammenhang mit der Pensionierung wird oft von »Ruhestand« oder vom »Ausscheiden aus dem aktiven Leben«, immer aber vom »Abschiednehmen« und »Abschließen« gesprochen. So ruft der Begriff »Neubeginn« hier vielleicht Erstaunen hervor. Doch es ist – wie in vielen anderen Bereichen unseres Lebens – von großer Bedeutung, wie wir eine Situation wahrnehmen. Unsere *Wahrnehmung* aber ist nicht lediglich die Abbildung der Realität, sondern wird – sogar in erheblichem Maße – mitbestimmt durch unsere Vorinformationen und Vorannahmen, die sich bei kritischer Betrachtung nicht selten als Vorurteile erweisen. Hinzu kommt, dass wir unsere Bilder von uns selbst und unserem Leben nicht allein aus uns selbst heraus erschaffen, sondern bei diesem Prozess der *Selbstdefinition* stark von den Meinungen und Bildern geprägt werden, die unsere Umgebung uns über uns selbst und unser Leben vermittelt. Die Selbstwerdung ist somit das Resultat einer engen Wechselwirkung zwischen individuellen Gestaltungen und sozialen Einflüssen, wie es der jüdische Religionsphilosoph Martin Buber in seinem bekannten Satz formuliert hat: »Ich werde am Du; Ich werdend spreche ich Du. Alles wirkliche Leben ist Begegnung.«

Diese Prozesse der Selbstdefinition und der Einschätzung des eigenen Lebens sind von großer Bedeutung auch für die Wahrnehmung des Alters und für die Einstellung zu der Zeit nach der Pensionierung. Wenn unsere Umgebung uns immer wieder vermittelt, die Pensionierung sei gleichsam ein

»Schlusspunkt« des aktiven Lebens (und ein Begriff wie »Ruhestand« signalisiert dies ja), nun gehe es um das Abschiednehmen, so werden wir eine solche Einstellung weitgehend übernehmen und schließlich selbst davon überzeugt sein, dass dies die Realität ist, auch wenn wir eigentlich wahrnehmen könnten, dass dies eine einseitige Sicht des Alters ist.

Angesichts dieser Situation erscheint es mir als sehr wichtig, dass wir unsere eigenen Bilder vom höheren Alter kritisch hinterfragen und uns von den – oft negativen – Einflüssen der Umgebung befreien. Gelingt dies, so werden wir zum Alterungsprozess und zu der Zeit nach der Pensionierung eine völlig neue, positive Einstellung finden. Diese entspricht den Bedingungen des heutigen Lebens viel mehr als die einseitigen, stark negativen Charakterisierungen, wie sie sich in den Begriffen des »Ruhestandes«, des »Ausscheidens aus dem aktiven Leben« und des »Abschließens« niederschlagen.

Diese Änderung der Wahrnehmung und der Bewertung des Alters heißt nicht, die Zeit nach der Pensionierung durch eine »rosarote Brille« anzuschauen und alles Belastende, das diese Lebensphase – wie jede andere auch – mit sich bringt, auszublenden. Durch den *Perspektivenwechsel* erfolgt keine Verzerrung oder Einschränkung unserer Wahrnehmung; er führt im Gegenteil zu einer realistischeren Sicht, die neben den dunklen Seiten, die das Alter haben kann, auch die positiven Seiten und die Chancen, die diese Lebensphase bietet, mit einbezieht. So entstehen Freiräume, durch die die Zeit nach der Pensionierung tatsächlich zur Zeit eines Neubeginns werden kann.

Dieser Perspektivenwechsel macht älteren Menschen Mut, ihr Leben aktiv in die Hand zu nehmen und konstruktiv zu gestalten. Und er ist heute, angesichts der gegenüber früheren Zeiten wesentlich höheren Lebenserwartung (Frauen: 82 Jahre, Männer: 76 Jahre), dringender denn je notwendig.

Zum Zeitpunkt der Pensionierung liegt noch rund ein Viertel des Lebens vor den betreffenden Menschen. Das sind nicht nur einige wenige Jahre, die »irgendwie überstanden« werden müssen, sondern es geht um eine recht große Lebensspanne, die viele Chancen und in mancherlei Hinsicht die Möglichkeiten eines Neubeginns bietet. Voraussetzung dafür ist allerdings, dass diese Jahre auch wirklich dazu genutzt werden.

Angesichts dieser Situation hat in der Gegenwart das kalendarische Alter erheblich an Bedeutung verloren. Es sagt heute wenig über eine Person aus, ob sie 65, 70 oder 80 Jahre alt ist. Viel wichtiger ist das *funktionale Alter*, also die Frage, wie es ihr körperlich und psychisch geht und welche Tätigkeiten sie ausübt oder ausüben kann. Diesbezüglich bestehen große individuelle Unterschiede. Auf der einen Seite finden wir Pensionierte, die sich weitgehend vom sozialen und kulturellen Leben zurückziehen und in ihrer Entwicklung dadurch – und nicht wegen ihres Alters! – stagnieren. Umgekehrt gibt es eine recht große Zahl von Betagten, die auch im hohen Alter eine Fülle von anspruchsvollen Tätigkeiten ausüben, ja selbst noch Ausbildungen absolvieren. Für sie stellt die Zeit nach der Pensionierung tatsächlich einen Neubeginn dar.

Um wahrzunehmen, welche Möglichkeiten die Jahre nach der Pensionierung bieten, ist es sinnvoll, sich vor Augen zu führen, was sich mit der Pensionierung im Leben der betreffenden Menschen ändert: In unserer Gesellschaft müssen die meisten Menschen ihren Arbeitsplatz von einem Tag auf den anderen verlassen, und ein schrittweises Ausscheiden aus dem Beruf ist – abgesehen von selbstständig Erwerbstätigen – nicht möglich. Deshalb bedeutet der Moment der Pensionierung für die meisten Menschen einen abrupten Schnitt und eine fundamentale Änderung des gesamten Lebens. Im Folgenden soll dargestellt werden, wie diese Änderungen in den verschiedenen Lebensbereichen aussehen.

Eine grundlegend neue Situation entsteht dadurch, dass mit dem Moment der Pensionierung die Verpflichtung wegfällt, für den Lebensunterhalt zu sorgen und dafür täglich der Erwerbstätigkeit nachzugehen. Durch die Altersvorsorge ist die *finanzielle Situation* im Allgemeinen gesichert und die Pensionierten haben ihr finanzielles Auskommen. Dabei darf nicht übersehen werden, dass die Schere zwischen Arm und Reich im Alter noch weiter auseinanderklafft als bei der jüngeren Generation. Auf der einen Seite gibt es ältere Menschen, die in finanziell besten Verhältnissen und komfortablen Wohnungen und Häusern leben, während es auf der anderen Seite Menschen gibt, die nur über geringe finanzielle Mittel verfügen und sich im Alter erheblich einschränken müssen.

Mit dem Wegfall der Erwerbstätigkeit ist als Gewinn zu verzeichnen, dass mit der Pensionierung nun täglich sieben, acht oder mehr Stunden, die vorher durch die Arbeit ausgefüllt waren, frei zur Verfügung stehen. Dadurch gewinnen die Pensionierten *Freiräume*, die sie allerdings sinnvoll gestalten müssen. Es steht heute ein großes Angebot an Freizeitaktivitäten zur Verfügung, und ganze Industriezweige haben sich auf ältere Menschen geradezu »eingeschossen«, weil sich gezeigt hat, dass diese zahlenmäßig große Generation körperlich und psychisch aktiver Menschen einen wirtschaftlich wichtigen Faktor darstellt.

Hinzu kommt, dass in unserer stark vom *Ideal der Jugendlichkeit* geprägten Gesellschaft den älteren Menschen suggeriert wird, es komme vor allem darauf an, »aktiv« zu sein. Voller Stolz zeigen manche Pensionierte ihren Angehörigen und Freunden ihre übervolle Agenda mit Aktivitäten, die sie letztlich in ein ähnliches Netz von Verpflichtungen einspannen, wie sie sie während ihrer Berufstätigkeit erlebt und damals zu Recht als sehr einengend empfunden haben. Diese »Aktivisten« haben die Chance, wohlüberlegt und gezielt das auszuwählen, was ihnen am

14

wichtigsten ist, verspielt, weil das Diktat möglichst großer Quantität die Chance der Qualität überdeckt und verdrängt und damit einen Neubeginn verhindert hat.

Dies ist insofern eine tragische Situation, als die durch die Pensionierung gewonnenen Freiräume nicht konstruktiv genutzt werden. Leitlinie für die Auswahl der Beschäftigungen und Aufgaben sind nicht die Fragen »Was ist sinnvoll für mich?« und »Worauf richten sich meine Interessen wirklich?«. Statt dessen wollen solche Menschen mit der Fülle der zum Teil fast wahllos unternommenen Aktivitäten der Umwelt – und letztlich vor allem sich selbst – beweisen, dass sie noch nicht »zum alten Eisen« gehören, sondern »mitten im Leben stehen«. Dabei übersehen sie indes, dass die Quantität von Aktivitäten niemals ein Kriterium für die *Sinnhaftigkeit* und für *echte Zufriedenheit* sein kann. Hier ist es wichtig, dass ältere Menschen und ihre Bezugspersonen sich kritisch mit dem Ideal der Jugendlichkeit und der Forderung nach möglichst großer Aktivität auseinandersetzen, um die Chance eines Neubeginns im Sinne des *Wechsels von Quantität zu Qualität* zu erkennen und zu nutzen.

Damit ist nicht gemeint, dass Aktivität im körperlichen wie im psychischen Bereich unwichtig wäre. Wie es ein Zuwenig gibt, das, wie erwähnt, zu Stagnation und Entwicklungsstillstand führen kann, gibt es jedoch auch ein Zuviel, das in Hektik und blindem Aktionismus endet.

Gehen wir genauer der Frage nach, welche *Chancen* diese Lebensphase bietet, so zeigt sich, dass es ganz verschiedene Themen und Fragen sind, die sich gerade im Alter stellen und deren Klärung und Beantwortung wichtige Entwicklungsimpulse geben können. Oft braucht es indes Mut, ja mitunter sogar eine gewisse Kühnheit, die ausgetretenen Bahnen dessen, was bisher im Allgemeinen als für das Leben im höheren Alter »selbstverständlich« gegolten hat, zu verlassen und individuelle Wege einzuschlagen.

Ein erster Themenkreis ist der *Beziehungsbereich*. Während der Zeit der Berufstätigkeit wurden die Kontakte zu Freundinnen und Freunden sowie zu Familienangehörigen zum Teil nur sporadisch gepflegt. Manche früher bedeutsamen Beziehungen sind »versandet«, und Partnerinnen und Partner erlebten es schmerzlich, dass die beruflichen Pflichten sich trennend zwischen sie stellten und es mitunter sogar zu einer Entfremdung zwischen ihnen kam. Die durch die Pensionierung gewonnenen Freiräume bieten hier die Möglichkeit eines Neubeginns, indem alte Beziehungen wieder aktiviert und intensiviert, aber auch neue Beziehungen aufgebaut und gepflegt werden können.

Übrigens ist es ein unzutreffendes Vorurteil, anzunehmen, ältere Menschen könnten sich nicht mehr auf neue Beziehungen einlassen. Mit zunehmender Lebens- und Beziehungserfahrung mögen manche Menschen vorsichtiger und »wählerischer« beim Eingehen neuer Beziehungen werden. Doch bleibt die Fähigkeit, bisherige Beziehungen zu intensivieren und neue Beziehungen einzugehen, lebenslang, bis ins höchste Alter, bestehen. Voraussetzung ist allerdings, dass die Betreffenden bereit sind, sich auf solche neuen Erfahrungen einzulassen.

Diese Bereitschaft hängt nicht vom kalendarischen Alter ab, sondern ist ein Persönlichkeitsmerkmal, das auch schon in jüngeren Jahren ausgebildet wurde. Nur ist es bei Menschen mit geringer Kontaktfähigkeit nicht schon früher sichtbar geworden, weil Kontakte im beruflichen Bereich bestanden haben und die Betreffenden selbst und ihr Umfeld meinten, mehr Kontakte seien wegen der beruflichen Belastungen und der geringen Freizeit nicht möglich. Dennoch bietet die Zeit nach der Pensionierung auch solchen Menschen die Möglichkeit eines Neubeginns im Beziehungsbereich, da ihnen nun mehr Zeit und größere Kräfte zur Verfügung stehen als während ihrer Berufstätigkeit und da sie auf ihre bisherige Lebenserfahrung zurückgreifen können. Das Eingehen neuer Partnerschaften im höheren Alter werde ich ab Seite 67 noch ausführlicher behandeln.

Zu den Chancen, die sich nach der Pensionierung im Hinblick auf den Beziehungsbereich ergeben, gehört die *Klärung* und damit nicht selten ein Neubeginn der *Beziehung zu (Ehe-)Partnerinnen und Partnern*. Wie bereits erwähnt, hat sich oft im Verlauf der Jahre eine gewisse Entfremdung zwischen den Partnern eingestellt. Jeder hat ein Stück weit sein eigenes Leben geführt, und es kann eine Situation entstanden sein, in der es kaum noch Gemeinsamkeiten gibt. Eine Konsequenz davon ist nicht selten, dass Konflikte nicht aktiv angegangen und gelöst, sondern »unter den Teppich gekehrt« werden.

Hier bietet die Zeit nach der Pensionierung insofern die Möglichkeit eines Neubeginns, als jetzt ein anderer Umgang mit Konflikten entwickelt werden kann. Dies ist zwar kein einfacher Schritt, wenn die Partnerinnen und Partner jahre-, vielleicht sogar jahrzehntelang Konflikten ausgewichen sind und sich hinter den beruflichen Verpflichtungen versteckt haben. Gelingt der Schritt zur konstruktiven Konfliktlösung aber – und dabei kann mitunter eine therapeutische Begleitung sehr effizient sein –, so ist dies ein großer Gewinn für die Partnerschaft, und es kommt unter Umständen in dieser Lebensphase zum ersten Mal zu einer tiefen Begegnung, wie die Partner sie zuvor in dieser Art und Intensität nicht erlebt haben. Hier kann man von einem echten Neubeginn sprechen, der eine bisher nicht erlebte, konstruktive Beziehungsqualität in die Partnerschaft bringt.

Es wäre indes unrealistisch anzunehmen, es wären nur positiv konnotierte Themen, die an diesem Wendepunkt des Lebens auftauchen. Zu einer konstruktiven Auseinandersetzung gehört auch die Bereitschaft, weniger positiv erlebte Gedanken zuzulassen – und gerade darin liegt oft die besondere Chance dieser Lebensphase. Auch wenn es den Menschen im Pensionsalter körperlich und seelisch im Allgemeinen gutgeht, liegt es nahe, sich Gedanken darüber zu machen, wie es sein wird, wenn wegen körperlichen Erkrankungen und dem natürlich Alterungsprozess *Hilfe in Anspruch genommen* und *Autonomie aufgegeben* werden muss. Die Akzeptanz dieser Einbußen an Lebensqualität fällt den Menschen im höheren Lebensalter je nach Persönlichkeit und bisherigen Lebenserfahrungen unterschiedlich schwer. Dabei haben es im Allgemeinen diejenigen etwas einfacher, die wegen Erkrankungen bereits in jüngeren Jahren immer wieder oder permanent in ihrer Selbstständigkeit beeinträchtigt waren und Hilfe durch Dritte in Anspruch nehmen mussten.

Für alle Menschen stellt die Einschränkung der Autonomie einen Verlust an Lebensqualität dar. Die Situation ist indes nicht nur eine psychische Belastung, sondern kann zu einer sich letztlich konstruktiv auswirkenden *Herausforderung* werden, indem sie uns zwingt, die in unserer Gesellschaft und Zeit einseitige *Überbewertung der Selbstständigkeit* und Unabhängigkeit und die ebenso einseitig negative Bewertung vom *Annehmen von Hilfe* kritisch zu hinterfragen. Eine konstruktive Auseinandersetzung mit diesen Themen leugnet nicht die Trauer über das Nachlassen der körperlichen und seelischen Kräfte und die damit verbundenen Einschränkungen, sondern sie stellt sich dieser Realität und gewinnt gerade durch diese Auseinandersetzung an Kräften.

Da die Pensionierung eine Schwellensituation darstellt, in der sich sehr viel im inneren wie äußeren Leben der Pensionierten ändert, stellen sich gerade in dieser Lebensphase auch viele *existenzielle Fragen*. Neben den erwähnten Themen der sinnvollen Gestaltung der gewonnenen Freiräume und der bisherigen und der neuen Beziehungen sind es grundlegende existenzielle Fragen nach dem »Woher« und

»Wohin« des Lebens, die Auseinandersetzung mit der Endlichkeit des Lebens und mit religiösen Themen im engeren Sinne. Oft werden in dieser Zeit auch ein Fazit des bisherigen Lebens gezogen und Vorstellungen darüber entwickelt, wie die vor den Pensionierten liegende Lebensphase gestaltet werden soll.

Auch wenn sich nicht alle Pensionierten intensiv mit diesen Themen beschäftigen, legt die Zäsur, welche die Pensionierung im Leben darstellt, doch solche Reflexionen nahe. Lassen sich ältere Menschen darauf ein, so bietet sich ihnen die Chance einer Neuorientierung, gerade weil sie sich im Rahmen einer solchen Auseinandersetzung den Realitäten der bisherigen und der zukünftigen Lebensphase nicht verschließen, sondern ihnen mutig ins Auge blicken.

Das Alter – Zeit eines beruflichen Neubeginns

Herr Rohner, ein heute 68-jähriger lediger Mann, ist vor drei Jahren pensioniert worden. Als Ingenieur hat er während der letzten zehn Jahre seiner Berufstätigkeit in leitender Position in einem Stahlwerk gearbeitet. Obwohl er sich grundsätzlich auf die Pensionierung gefreut hatte, war ihm bereits wenige Monate später klar, dass er »noch nicht zum alten Eisen« gehörte, wie er es seinen Bekannten gegenüber formulierte. Er langweilte sich zwar nicht, da er eine große Zahl von Hobbys hatte (wandern, sein Schrebergarten, Klavier spielen, lesen, Theaterbesuche).

Doch spürte er, dass ihm nach der Pensionierung die Herausforderung fehlte, die er in seinem Beruf gehabt hatte. Anfangs hatte er angenommen, er könne sich durch den Besuch von Vorträgen und Volkshochschulkursen »geistig fit« halten. Doch schon bald wurde ihm klar, dass ihm dies nicht ausreichte, und er hielt Ausschau nach neuen Herausforderungen.

Von einem Bekannten erfuhr Herr Rohner, dass dieser nach der Pensionierung ein Sprachstudium absolviert hatte. Nicht weil er die dabei erworbenen Kenntnisse beruflich nutzen wollte, sondern »einfach, weil es mir Spass macht, endlich das zu lernen, was ich mir schon seit meiner Jugend gewünscht habe«, begründete der Bekannte seinen Entschluss, das Studium aufzunehmen.

»Wäre das nicht auch für mich eine große Chance?«, fragte sich Herr Rohner, »könnte das nicht genau die Herausforderung sein, die ich suche?« Sein Traum war es von jeher gewesen, sich tiefer in das Fach Psychologie einzuarbeiten. Schon immer hatte er großes Interesse am Geschick anderer Menschen gehabt, war während seiner Berufstätigkeit Mitglied des Betriebsrats und eine der Vertrauenspersonen für Mitarbeiterinnen und Mitarbeiter, die Mobbing und sexueller Belästigung am Arbeitsplatz ausgesetzt waren. Für viele seiner Freunde und Bekannten war er beinahe so etwas wie ein Beichtvater, an den sie sich gerne in kritischen Lebenssituationen wandten, weil sie wussten, dass sie bei ihm auf ein offenes Ohr und einen gesunden Menschenverstand trafen. Eine Anfrage bei der Universität ergab, dass Herr Rohner sich, ungeachtet seines Alters, als Student der Psychologie einschreiben könne.

Mit großer Begeisterung stürzte sich Herr Rohner in das Studium. Zunächst kam er sich etwas fehlplaziert zwischen den wesentlich jüngeren Mitstudierenden vor, die vom Alter her seine Enkelkinder hätten sein können. Doch schon nach wenigen Wochen fühlte er sich wie einer von ihnen. Wie selbstverständlich sprachen ihn die Kommilitoninnen und Kommilitonen mit »Du« an und bezogen ihn in ihre Diskussionen ein, ja luden ihn auch zu privaten Anlässen ein.

Schon bald erfuhr er allerdings von den Mitstudierenden, dass das gute Verhältnis, das sie miteinander hatten, nicht in allen Fächern zu finden war. In den historischen Wissenschaften, der Ethnologie und Philosophie, so berichteten ihm seine Kommilitoninnen und Kommilitonen, herrsche zum Teil eine äußerst angespannte Situation. An den Vorlesungen und auch an einem Teil der Seminare nehme eine recht große Zahl von Älteren teil, und die hätten sich bei den Jüngeren ausgesprochen unbeliebt gemacht. Sie erschienen sehr frühzeitig im Vorlesungsraum, setzten sich in den vorderen Reihen auf die Eckplätze und reagierten sichtbar unwillig und vorwurfsvoll, wenn die anderen Studierenden kurz vor Vorlesungsbeginn kämen und sie bäten, sie durchzulassen. Außerdem würden sie die Dozierenden immer wieder mit Fragen unterbrechen, nur um ihr Wissen zu demonstrieren.

21

Als Herr Rohner eine Kommilitonin, die im Nebenfach Kunstgeschichte studierte, fragte, ob das tatsächlich so sei, meinte sie, die Realität sei noch viel schlimmer: Die Älteren seien den Jüngeren gegenüber in unangenehmer Weise belehrend und beriefen sich in Diskussionen immer gleich auf ihre »Lebenserfahrung«. »Das können Sie als junge Menschen natürlich noch nicht wissen«, würden einige herablassend sagen, wenn sie in der Diskussion nicht sofort Recht bekämen. Außerdem seien die Älteren – auch bei den Assistentierenden und Dozierenden – zum Teil geradezu verhasst, weil sie sich dauernd vordrängten und, einmal zu Wort gekommen, unendliche Monologe hielten.

Kürzlich sei es sogar zu einem offenen Streit gekommen, als eine dieser »feinen Damen aus der besseren Gesellschaft« mitten in der Vorlesung einen jungen Studenten, der seine Vorlesungsaufzeichnungen direkt in den Laptop geschrieben habe, lautstark zurechtgewiesen habe, er möge aufhören »in dieses Ding« zu schreiben, das störe sie. Es sei sogar dem Professor, der die Vorlesung gehalten habe, nur mit Mühe möglich gewesen, sich Gehör zu verschaffen und »endlich mal den Tarif durchzugeben«, dass man niemandem das Schreiben in den Laptop verbieten könne, fügte die Kommilitonin von Herrn Rohner befriedigt hinzu.

In den Veranstaltungen der Psychologie erlebte Herr Rohner nie etwas Derartiges. Die wenigen Älteren, die an der einen oder anderen Veranstaltung teilnahmen, waren zurückhaltend und fügten sich, wie er, gut in die Gruppe der Studierenden ein, die ihrerseits den Älteren auch ausgesprochen freundlich und kollegial begegneten. Herr Rohner erlebte eine ihn begeisternde Studienzeit, wie er sie als junger Erwachsener beim Ingenieurstudium nicht erlebt hatte. Jetzt, im Alter, fielen der Erfolgsdruck und die Notwendigkeit, mit dem Studium einen »Brotberuf« zu erlernen, weg. Was er jetzt lernte, das lernte er, weil es ihm Freude bereitete und ihn brennend interessierte und nicht weil er damit eine Pflicht erfüllen musste.

Er spürte zwar mitunter, dass ihm das Lernen nicht mehr ganz so leicht fiel wie in jüngeren Jahren. »Ich weiß aber nicht, ob das auf ein schlechteres Gedächtnis zurückzuführen ist oder darauf, dass ich jahrzehntelang nicht mehr auf der Schulbank gesessen und Lernstoff in mich hineingestopft habe«, gestand er einer Bekannten. Immerhin, so ergänzte er, habe er bemerkt, dass er die größere Mühe beim Behalten des Vorlesungsstoffes allemal damit wettmache, dass er aufgrund seiner Berufserfahrung über sehr gute Lernstrategien verfüge.

Einige von Herrn Rohners Bekannten hatten zunächst angenommen, seine Begeisterung für das Psychologiestudium sei ein »Strohfeuer«, das schnell wieder erlöschen werde. Zu ihrem Erstaunen aber zog er das Studium innerhalb der vorgesehenen Zeit durch und legte das Abschlussexamen ab, und zwar mit einem hervorragenden Resultat!

»Und was nun?«, fragte ihn ein gleichaltriger Cousin, der nie ein Hehl daraus gemacht hatte, dass er ein Studium »in diesem Alter« für eine »absurde Idee« halte. »Du kannst doch jetzt keine Stelle mehr finden. Wofür das Ganze also? Du hättest es dir in deinem Alter, weiß Gott, bequemer machen können!« Herr Rohner entgegnete, dass er selbstverständlich keine Anstellung suche, die erworbenen Kenntnisse aber auf jeden Fall nutzen wolle. Er habe sich bereits einige Monate vor dem Abschlussexamen an den Bewährungsdienst gewendet und dort erfahren, dass er als ehrenamtlicher Mitarbeiter Vormundschaften und Begleitungen von Strafentlassenen übernehmen könne. Die dort tätigen Sozialarbeiter wären besonders froh, in ihm einen Mitarbeiter gefunden zu haben, der über Lebenserfahrung und profunde psychologische Kenntnisse verfügte.

Obwohl die Bewährungshilfe in der Folge immer wieder Anfragen an Herrn Rohner richtete, beschränkte er sich auf vier Klienten, die er regelmäßig traf und in Fragen der All-tagsbewältigung beriet und unterstützte. Er begründete seine Haltung damit, dass er zwar eine sinnvolle Tätigkeit ausüben wolle. »Aber ich will mich nicht in eine Stresssitu-ation bringen, wie ich sie während meiner Berufstätigkeit erlebt habe. Meine jetzige Tätigkeit ist mein Hobby, und als ehrenamtlich Tätiger nehme ich mir die Freiheit, mich nur so weit einzusetzen, wie es gut für mich ist.« Außerdem habe er noch weitere Pläne, fügte er geheimnisvoll hinzu.

Einige Wochen später vernahmen seine Freunde und Be-kannten, dass Herr Rohner der Gruppierung der »Grauen Panther« beigetreten war, die sich politisch für die Verbesse-rung der Lebensbedingungen und der Rechte älterer Men-schen einsetzen. »Willst du dich denn nun auch noch poli-tisch betätigen?«, fragte ihn seine Schwägerin. »Das hat dich doch früher nie interessiert.« Früher sei er durch seinen Beruf dermaßen beansprucht worden, dass er für vieles an-dere keine Zeit und Kraft mehr gehabt habe, entgegnete Herr Rohner. Er sei selbst erstaunt, dass er sich jetzt mit so viel Elan Dingen zuwende, die ihm früher wenig bedeutet hätten.

»Außerdem habe ich festgestellt, dass ich mit der Pensio-nierung mutiger geworden bin, meine Meinung zu vertreten, auch wenn sie dem Gegenüber nicht behagt.« Zivilcourage sei früher nicht gerade seine große Stärke gewesen, fügte Herr Rohner im Gespräch mit der Schwägerin nachdenklich hinzu. Doch schon in den letzten Jahren seiner Berufstätig-keit habe er bemerkt, dass er seine Meinung freier geäußert habe und nicht mehr in dem Maße wie früher darauf be-dacht gewesen sei, nicht anzuecken. »Im letzten Berufsjahr hatte ich ja nichts mehr zu verlieren. Das hat mir geholfen, mutiger zu sein – und das tat wirklich gut!« Er habe sich in dieser Zeit oft überlegt, ob er in den früheren Jahren eigent-lich nicht allzu zurückhaltend gewesen sei. »Vielleicht hätte ich mir mehr Respekt verschafft, wenn ich so mutig gewesen wäre wie jetzt. Aber immerhin ist es toll, wenigstens jetzt im Alter zu erleben, dass es für Zivilcourage nie zu spät ist!«

Es klingt wie ein Widerspruch in sich, von der Zeit nach der Pensionierung, die vielfach auch »Ruhestand« genannt wird, als von der Zeit eines beruflichen Neubeginns zu sprechen. Und manche Leserinnen und Leser mögen sich gefragt haben, ob wir in Herrn Rohner nicht einen Workaholic vor uns haben, der den Verlust der beruflichen Tätigkeit nicht erträgt und sich in immer wieder neue Aktivitäten stürzt, um damit den Gefühlen der Leere und der Sinnlosigkeit, die er in sich spürt, zu entfliehen. Setzt er nicht genau das, was er jahrzehntelang im Beruf getan hat, weiter fort, indem er sich keine Ruhe gönnt, sondern sich in Hektik und leere Betriebsamkeit flüchtet?

Tatsächlich könnte bei oberflächlicher Betrachtung ein solcher Eindruck entstehen. Es zeigen sich jedoch etliche Hinweise darauf, dass die neuen Tätigkeitsfelder, die Herr Rohner sich erschließt, nicht die Funktion haben, ihm als Workaholic Schutz vor der inneren Leere zu bieten. Seine Begeisterung für das Psychologiestudium, seine Tätigkeit als ehrenamtlicher Bewährungshelfer und sein Engagement bei den »Grauen Panthern« sind vielmehr Ausdruck seiner *Freude über die mit der Pensionierung gewonnene Freiheit.* Wie er es selbst ausdrückt, stand er früher in seinem angestammten Beruf unter einem großen Leistungsdruck und hatte nicht mehr genug Zeit und Kraft, sich intensiver mit den Dingen zu beschäftigen, die ihn interessierten.

Die Möglichkeit, jetzt frei über ihre Zeit verfügen zu können und sich den Dingen zuzuwenden, an denen sie schon immer großes Interesse gehabt haben, führt bei älteren

Menschen, die diese Chance nutzen, oft zu einer wahren Begeisterung und zu einem Hochgefühl. Wie Herr Rohner erleben viele Menschen seines Alters, dass mit der Entlastung, welche die Pensionierung mit sich bringt, *neue Kräfte wachsen*, die sie nun sinnvoll einsetzen möchten. Im Wissen darum, dass – zumindest statistisch – noch mehr als ein Viertel ihres Lebens vor ihnen liegt (vgl. S. 12 f.), beginnen sie Aus- und Weiterbildungen oder lernen Dinge, die sie sich bisher aus den verschiedensten Gründen nicht aneignen konnten. So hat auch Herr Rohner eine durchaus sinnvolle Entscheidung getroffen, indem er das Psychologiestudium absolviert hat und sich nun als ehrenamtlicher Bewährungshelfer betätigt.

Dabei wird sichtbar, dass er sich bei dieser Tätigkeit anders verhält als früher: Er lässt sich nicht mehr von den Pflichten auffressen, sondern nimmt sich, wie er es formuliert, »die Freiheit«, sich nur so weit zu engagieren, wie es ihm Freude macht. Ganz deutlich differenziert er zwischen seiner ehemaligen Arbeit als Ingenieur und seiner jetzigen ehrenamtlichen Tätigkeit, wenn er von der Letzteren als von seinem »Hobby« spricht. Genau dies unterscheidet ihn auch von einem Workaholic, der eine Aufgabe nach der anderen übernehmen und sich mit der Arbeit wie mit einem Suchtmittel zu betäuben versuchen würde. Herr Rohner dagegen wählt aus, grenzt sich in sinnvoller Weise ab und pflegt neben den neuen Tätigkeiten durchaus seine Freundschaften und geht weiterhin seinen anderen Hobbys nach.

Um die Zeit nach der Pensionierung konstruktiv zu gestalten und zum persönlichen Wachstum zu nutzen, kommt es darauf an, dass die Pensionierten sich dieses Unterschieds zwischen einem geradezu zwanghaften Füllen der Zeit mit irgendwelchen Aktivitäten und der sinnvollen Gestaltung der gewonnenen Freiräume bewusst sind. Vielfach bedarf es dazu allerdings eines *Umlernens*. Während der Zeit der Berufstätigkeit gab es diese Freiräume nicht, und die Menschen haben sich daran gewöhnt, das zu tun und für wichtig zu halten, was ihnen von außen vorgegeben wurde. Mitunter haben sie darüber sogar verlernt, ihre eigenen Wünsche und Bedürfnisse überhaupt wahrzunehmen.

Wenn nach der Pensionierung die Möglichkeit besteht, die gewonnenen Freiräume auf sinnvolle Weise zu füllen, sehen sich solche Menschen einer für sie völlig neuen Situation gegenüber, die nicht nur als beglückend, sondern mitunter auch als irritierend erlebt werden kann. Eigene Wünsche wahrzunehmen und sich deren Realisierung zuzugestehen, dies sind für sie Schritte in ein Neuland, das es zu entdecken und in Besitz zu nehmen gilt, wenn die sich damit bietenden Chancen wirklich genutzt werden sollen. Oft ist geradezu Kühnheit erforderlich, um sich in dieses Neuland zu wagen und etwas zu tun, was den gängigen Vorstellungen vom »Ruhestand« widerspricht.

Das Engagement von Herrn Rohner in der Gruppierung der »Grauen Panther« zeigt, dass er die neuen Tätigkeiten nicht zum Stopfen irgendwelcher Lücken zur Überdeckung von Gefühlen der Leere und Sinnlosigkeit braucht, sondern dass sie für ihn einen wichtigen Schritt auf dem Weg der Selbstverwirklichung bedeuten. Während seiner Berufstätigkeit hatte er tatsächlich wenig Interesse an politischen Themen. Ihm fehlten vielfach auch die Zeit und die Kraft, um sich intensiver mit diesen Fragen auseinanderzusetzen.

Nach der Pensionierung fühlt er sich nun aber frei, sich auch solchen Aufgaben zuzuwenden, zumal sie ihn und seine aktuelle Lebenssituation als älterer Mensch direkt betreffen. Hier, wie auch in seiner ehrenamtlichen Tätigkeit in der Bewährungshilfe, kann er seine Lebenserfahrung einbringen und nutzbringend anwenden. Außerdem bringt ihm die Mitarbeit bei den »Grauen Panthern« neue soziale Kontakte und führt zu einer Erweiterung seiner Interessen und Fähigkeiten.

Im Zusammenhang mit seiner Tätigkeit bei den »Grauen

Panthern« erwähnt Herr Rohner eine interessante Beobachtung, die er bei sich gemacht hat. Es ist die Tatsache, dass er bereits im letzten Jahr seiner Berufstätigkeit und ganz ausgeprägt nach der Pensionierung *Zivilcourage* entwickelt hat, wie er sie früher nie besessen hat. Dies ist eine Erfahrung, die auch andere Ältere machen: dass sie mutiger werden und nicht mehr so stark wie früher darauf bedacht sind, bei ihrer Umgebung möglichst nicht anzuecken. Sie haben tatsächlich, wie Herr Rohner es ausdrückt, »nichts mehr zu verlieren« und entwickeln im Alter mitunter ein Ausmaß an Zivilcourage, wie es ihnen niemand zugetraut hätte, nicht einmal sie selbst.

Wie die Situation im Studium zeigt, liegt auch in der *Kommunikation mit den Jüngeren* (im Fall von Herrn Rohner mit den Mitstudierenden) eine große Chance für die Älteren. Es ist bedauerlich, wenn es zum Teil – tatsächlich – große Spannungen zwischen den Jüngeren und den Älteren gibt, weil sich die Älteren vordrängen, mit ihrem Wissen prahlen und sich auf ihre »Lebenserfahrung« berufen, um damit Diskussionen »abzuwürgen«.

Ein derartiges Verhalten, über das derzeit Studierende in einigen Fächern, in denen eine größere Zahl älterer Menschen studiert, klagen, mag zum Teil dadurch begründet sein, dass die Älteren sich zwischen den Jungen unsicher fühlen und in überkompensierender Weise ihre – vermeintliche – Überlegenheit mit ihrem Verhalten demonstrieren wollen. Hinzu kommt wohl auch die Tatsache, dass manche von ihnen in den Jahren, bevor sie das Studium aufgenommen haben, wenig Umgang mit anderen, vor allem mit jüngeren Menschen gehabt haben und deshalb nicht mehr daran gewöhnt sind, dass die eigene Meinung von anderen auch einmal in Frage gestellt wird.

Hier liegt die große Chance des intensiven Kontakts mit Jüngeren darin, sich auch (wieder) einmal zurückzunehmen, sich an die »Spielregeln« einer anderen Gruppe anzupassen und auch die eigene Meinung hinterfragen zu lassen. Sich aneinander zu reiben und verschiedene Standpunkte zu diskutieren, ohne den echten Dialog mit dem Hinweis auf die eigene »Lebenserfahrung« unmöglich zu machen, bietet die große Chance, sich »lebendig« und anpassungsfähig zu halten. Der im Beispiel geschilderte Herr Rohner nutzt diese Chance und hat deshalb ein so gutes Verhältnis zu seinen Kommilitoninnen und Kommilitonen und fühlt sich deshalb so wohl im Studium.

Es kann von großem Nutzen für ältere Menschen sein, wenn sie sich nicht unmittelbar nach der Pensionierung ein umfassendes Programm zur Gestaltung ihrer neuen Freiräume aufstellen und damit im Grunde in ein ähnliches Programm eingespannt sind wie in der Zeit ihrer Berufstätigkeit, sondern sich bewusst mit dem zunächst noch weitgehend *leeren Raum*, der sich nun auftut, *konfrontieren*. Dies mag mitunter unangenehme Gefühle von Leere und Orientierungslosigkeit zur Folge haben. Doch bietet sich im Erleben dieser noch weitgehend leeren Räume oft die einzigartige Möglichkeit, bisher nicht bestehende oder in den Hintergrund gedrängte Interessen wahrzunehmen und sich zu überlegen, ob und wie sie realisiert werden können.

Wie das Beispiel von Herrn Rohner zeigt, verlangen solche Entscheidungen mitunter Mut, vor allem wenn das Umfeld diesen Plänen kritisch gegenübersteht und etwa darauf verweist, dass dieses Interesse doch bisher nie bestanden habe. Gerade wenn dies zutrifft, ist die Öffnung für neue Gebiete besonders wichtig, tun sich hier doch völlig neue Möglichkeiten auf. Das politische Interesse von Herrn Rohner mit dem Beitritt zu den »Grauen Panthern« erklärt sich beispielsweise aus seiner jetzigen Lebenssituation als Pensionierter und hilft ihm, sich in differenzierter Weise mit dieser Lebensphase und ihren Problemen auseinanderzusetzen.

Für Herrn Rohner wird die *Zeit nach der Pensionierung* in dreifacher Weise zur *Zeit eines Neubeginns*:

Zum Ersten erschließt er sich durch das Studium und seine Tätigkeiten bei der Bewährungshilfe und bei den »Grauen Panthern« *neue Wissengebiete* und entwickelt *neue Fähigkeiten*, die in Verbindung mit seiner Lebenserfahrung für ihn eine enorme *Bereicherung* und eine *Erweiterung seines persönlichen Horizontes* bedeuten.

Immer wieder treffen wir auf ältere Menschen, die ihr Leben nach der Pensionierung ähnlich wie Herr Rohner in die Hand nehmen und voller Begeisterung davon berichten, dass sich ihnen durch die Beschäftigung mit neuen Dingen ganz neue Welten erschlossen haben. So, wie es beim Rückzug aus dem sozialen Leben zu einem immer größer werdenden Interessenverlust kommen kann, gibt es auch die umgekehrte Situation, dass die Hinwendung zu neuen Tätigkeitsfeldern älteren Menschen Kräfte erwachsen lässt, die sie selbst und ihre Umgebung ihnen nicht mehr zugetraut hatten.

Wenn es um das Erlernen neuer Inhalte geht, mag es den Älteren mitunter schwerer als den Jüngeren fallen, sich den Lernstoff einzuprägen. Vielfach sind es aber keine tatsächlich bestehenden Gedächtnis- und Merkfähigkeitsprobleme, sondern die älteren Menschen haben ein *Vorurteil* ihrer Umgebung, die ihnen diese Fähigkeit – fälschlicherweise! – abspricht, *verinnerlicht*, sie trauen sich selbst wenig zu und nehmen aus diesem Grund viele Tätigkeiten gar nicht erst in Angriff. Selbst wenn es im höheren Alter gewisse Gedächtnisprobleme geben kann, verfügen die Älteren aufgrund ihrer Berufs- und Lebenserfahrung im Allgemeinen über Lerntechniken, die diese Schwierigkeiten bestens kompensieren.

Außerdem wirkt sich, wie Herr Rohner es erlebt, die Tatsache positiv aus, dass gegenüber früheren Lernsituationen jetzt der Druck wegfällt, sich etwas einprägen zu *müssen*.

Alles, was sie jetzt tun, tun die Pensionierten, weil es ihnen *Freude* macht. In einer solchen, viel entspannteren Situation fällt das Lernen wesentlich leichter und dementsprechend ist der Lernerfolg auch größer. Hier zeigt sich noch einmal deutlich, dass in der Gegenwart die Bedeutung des kalendarischen Alters (vgl. S. 13) stark zurücktritt. Wesentlich ist vielmehr das *funktionale Alter*, das Aussagen darüber macht, welche Funktionen eine Person aufgrund ihres körperlichen und seelischen Befindens erfüllen kann.

Zum Zweiten gelingt es Herrn Rohner, im Rahmen seiner neuen Tätigkeiten einen *neuen Umgang mit der Erfüllung von beruflichen Verpflichtungen* zu erlernen. Er lässt sich nicht mehr wie in früheren Jahren von den anstehenden Aufgaben »auffressen«, sondern lernt, *sich abzugrenzen und bewusst auszuwählen,* was er wirklich tun möchte. Dies ist insofern eine völlig neue Erfahrung für ihn, als er, wie er rückblickend feststellt, auch früher durchaus die Möglichkeit gehabt hätte, sich gewisse Freiräume zu schaffen, dies aber nicht getan hat. Heute nimmt er sich diese »Freiheit«, wie er sagt, und hat damit eine völlig neue Einstellung zu beruflichen Pflichten gewonnen.

Dies ist eine Erfahrung, die viele ältere Menschen machen, wenn sie sich nach der Pensionierung neuen Tätigkeitsfeldern zuwenden. War die frühere berufliche Arbeit oft ein »Krampf«, so zeichnet sich die jetzige Tätigkeit durch eine *»spielerische« Qualität* aus. Die Charakterisierung »spielerisch« bedeutet nicht, dass etwas nicht ernsthaft betrieben würde. Aber es fallen nun der Druck und die Verbissenheit weg, die früher, als die Arbeit den Lebensunterhalt garantieren musste, oft bestanden haben.

Immer wieder fragen sich ältere Menschen in diesem Zusammenhang – nicht ohne eine gewisse Bitterkeit –, ob es denn tatsächlich nötig war, in der Vergangenheit einen solchen Druck aufzubauen. Hätten sie nicht schon früher ihre Tätigkeit »spielerischer« nehmen und damit der Freude am Beruf mehr Raum geben können? Oft muss man sagen, dass dies durchaus möglich gewesen wäre. Es zeichnet aber Menschen, die konstruktiv mit ihrem Alter umgehen, aus, dass sie *nicht beim Bedauern über das Verpasste, Nicht-Gelebte stehen bleiben* und in Bitterkeit und Jammern verfallen, sondern die *Chance ergreifen,* die ihnen ihre jetzige Lebensphase bietet, nämlich es *anders zu machen als zuvor.*

Solche Menschen haben aus den Erfahrungen des bisherigen Lebens etwas gelernt und setzen dieses Wissen nun in konstruktiver Weise ein. Dies kann zum eigenen und zum Erstaunen der Umgebung zu einer völlig veränderten Lebensauffassung führen und vielleicht erst jetzt im Alter zum ersten Mal das Gefühl entstehen lassen, die »richtige«, das heißt ihnen wirklich entsprechende und ihrem Leben Sinn gebende Einstellung zu den beruflichen Aufgaben gefunden zu haben. Damit ist das Frühere nicht total entwertet und bleibt in seiner Bedeutung durchaus bestehen, zumal unter den damaligen Bedingungen möglicherweise kaum ein anderes Verhalten möglich war. Doch bedeutet eine solche Einstellungsänderung für die Gegenwart eine enorme Bereicherung und ein Aufblühen von bisher ungeahnten Kräften und von einem Engagement, wie es diese Person in jüngeren Jahren nicht besessen hat.

Hinzu kommt häufig die Einsicht, dass die *Zeit,* die für die Ausübung neuer Tätigkeiten zur Verfügung steht, *begrenzt* ist. Auch wenn nach der Pensionierung, statistisch gesehen, noch viele Jahre vor den älteren Menschen liegen, ist ihnen klar, dass irgendwann die körperlichen und geistigen Kräfte abnehmen werden und sich auch das Interesse, sich beruflich zu engagieren, verringern wird. Dies ist eine realistische Sicht, die dazu führt, dass sich Menschen wie Herr Rohner mit besonderem Eifer in die neuen Tätigkeiten stürzen. Sie spüren, dass ihnen nicht mehr unbegrenzt viel Zeit zur Verfügung steht, und sie wollen die Möglichkeiten, die ihnen die gegenwärtige Lebensphase bietet, voll auskosten.

Zum Dritten wird die Zeit nach der Pensionierung für Herrn Rohner, wie für andere ältere Menschen in seiner Situation, zu einer Zeit des Neubeginns, weil er seine *Fähigkeiten* nicht brach liegen lässt, sondern sie teils *neu entdeckt*, teils *weiterentwickelt*. Dadurch erklärt sich die Begeisterung, mit der er die verschiedenen Aufgaben in Angriff nimmt, und darin liegt der Unterschied zu leerer Betriebsamkeit, die nur die eine Funktion hat, von den Gefühlen der inneren Leere und der Sinnlosigkeit abzulenken. Neue Fähigkeiten zu entdecken und bisher wenig entwickelte auszubauen führt zu großer Zufriedenheit und zu einem *Gefühl der Ganzheit*, Empfindungen, wie sie Menschen wie Herr Rohner im bisherigen Leben nicht erfahren haben. Dadurch werden neue Ausbildungen und die Aufnahme neuer Tätigkeiten nach der Pensionierung zu *Sinn stiftenden Aktivitäten*, die ein bisher nicht erlebtes Glücksgefühl begründen.

Es ist klar, dass wir nie alle unsere Fähigkeiten und Begabungen entwickeln können. Oft wissen wir gar nicht, dass wir sie überhaupt besitzen. Während der Berufstätigkeit bleibt zumeist auch zu wenig Zeit, sich auf neue Tätigkeitsfelder einzulassen, und viele Menschen im mittleren Lebensalter stehen unter dem Eindruck, im Zentrum ihres Lebens müssten die berufliche Karriere und das Streben nach materieller Absicherung stehen, alles andere habe dahinter zurückzutreten. Bei einer solchen weitverbreiteten und gesellschaftlich geförderten Einstellung bedeutet die Pensionierung, dass dieser Druck nun wegfällt und Kräfte frei werden, die in neuen Tätigkeitsfeldern eingesetzt werden können.

Gewiss braucht es dazu auch Mut, sich über eigene und fremde Vorurteile (zum Beispiel: »Warum denn jetzt noch völlig neue Wege beschreiten?«) hinwegzusetzen. Da die nach der Pensionierung aufgenommenen Tätigkeiten im positiven Fall, wie erwähnt, eine eher spielerische Qualität besitzen, fällt ein solcher Schritt aus dem Gewohnten heraus jetzt im Allgemeinen aber leichter als in früheren Lebensphasen. Ältere Menschen können in dieser Hinsicht für sich im besten Sinne eine gewisse »Narrenfreiheit« beanspruchen, zumal sie in dieser Lebensphase auch nicht mehr in dem Maße wie früher auf Bestätigung von außen angewiesen sind.

Es kann in Anbetracht einer solchen doch recht tiefgreifenden Veränderung der Lebenseinstellung allerdings auch zu einer *krisenhaften Situation* kommen, wenn der einzige Lebenssinn »Karriere« geheißen hat und dieser zentrale Inhalt sich nun mit dem Ausscheiden aus dem Beruf gleichsam in nichts aufgelöst hat. Die Folge einer solchen Sinnkrise können Depressionen, Leeregefühle, verstärkter Konsum von Alkohol und anderen Suchtmitteln sowie ein Sich-hinein-Stürzen in hektische Betriebsamkeit sein.

Eine solche Krise birgt in sich aber auch die *Chance, die bisherigen Lebensziele kritisch zu überdenken* und eine neue Einstellung zur beruflichen Tätigkeit zu finden. Gelingt dieser Schritt, so können solche Menschen eine ihnen früher unvorstellbare Bereicherung erleben und beglückend erfahren, welche Erfüllung ihnen eine Tätigkeit bringt und mit welcher Begeisterung sie sie im Gegensatz zu ihrem früheren Beruf ausüben. Wo früher das unerbittliche, alles andere erdrückende Diktat der Pflichterfüllung gestanden hat, herrschen heute Freude und echte Begeisterung, weil jetzt Seiten der Persönlichkeit gelebt und entwickelt werden, die früher weitgehend verschüttet waren.

Ältere Menschen und Medien

Das Ehepaar Kleiter, sie 71, er 73 Jahre alt, hat seine Umgebung in großes Erstaunen versetzt, als die beiden vor einigen Jahren erzählten, dass sie einen Computerkurs machten. Frau Kleiter hatte vor ihrer Heirat eine Hauswirtschaftsschule absolviert und während einiger Jahre in einem Restaurant gearbeitet. Sie hatte diese Tätigkeit dann aber aufgegeben und sich ganz dem eigenen Haushalt und der Erziehung ihrer vier Kinder gewidmet. Die Welt der Technik, speziell die des Computers, war ihr von jeher fremd gewesen und hatte sie auch nie interessiert.

Herr Kleiter war nach seiner Ausbildung als kaufmännischer Angestellter bis zu seiner Pensionierung viele Jahre in der städtischen Verwaltung tätig gewesen. Dort hatte er zwar die Umstellung von der alten mechanischen zur elektrischen Schreibmaschine mitgemacht und sich schließlich auch noch an die Arbeit am PC gewöhnt. Er hatte diesen letzten Schritt aber nur ungern, »notgedrungen«, wie er zu sagen pflegte, vollzogen und hatte damals immer wieder betont: »Ein solches Ding kommt mir nie ins Haus!«.

Auch sonst standen die Kleiters den technischen Entwicklungen der Gegenwart skeptisch bis ausgesprochen ablehnend gegenüber. Natürlich hatten sie, wie die meisten Menschen in ihrem Familien- und Freundeskreis, ein Radio und einen Fernseher. Sie benutzten den Fernseher aber während vieler Jahre fast ausschließlich, um sich mit der »Tagesschau« über aktuelle Ereignisse zu informieren. Andere Sendungen schauten sie nur äußerst selten an. Und als Herr Kleiter pensioniert wurde, betonten die beiden in Gesprächen mit ihren Kindern: »Wir werden es nie so machen wie einige unserer Bekannten, die nach der Pensionierung von morgens bis abends vor der Kiste sitzen, von einer Sendung zur anderen zappen und dabei verdummen!«

Als die Kinder ihnen zu Weihnachten ein Gerät zum Abspielen von Videobändern und DVDs schenken wollten, wehrte sich das Ehepaar Kleiter vehement. »So etwas brauchen wir nicht. Wir haben unseren alten Plattenspieler. Der funktioniert noch gut. Und Filme schauen wir ja nicht einmal im Fernsehen. Wofür dann einen DVD-Player, der nur nutzlos herumsteht? Wir wollen unser Alter nicht als Stubenhocker verbringen, sondern uns draußen in der Natur bewegen oder lesen, aber nicht stumpfsinnig vor einem solchen Gerät hocken.«

Angesichts dieser den technischen Errungenschaften der Gegenwart sehr reserviert gegenüberstehenden Einstellung löste die Mitteilung der Kleiters, sie hätten sich für einen Computerkurs angemeldet, größtes Erstaunen in ihrem Umfeld aus. Die lakonische Antwort auf die Frage der Kinder, wie die Eltern ihren plötzlichen Gesinnungswandel erklärten, lautete: »Uns interessiert das einfach und wir möchten die Möglichkeiten nutzen, die dieses Medium bietet. Und damit ihr es gleich wisst: Jetzt könnt ihr uns gerne einen DVD-Player schenken.«

Auch das Fernsehverhalten der Kleiters änderte sich deutlich. Sie blieben zwar ihrem Grundsatz treu, nicht stundenlang vor dem Fernseher zu sitzen und wahllos von einer Sendung zur anderen zu zappen. Aber sie abonnierten eine Programmzeitschrift und wählten meist schon am Anfang der Woche die Sendungen aus, die sie im Verlauf der Woche anschauen wollten. Dies waren zum Teil Spielfilme, für die sie früher nicht das geringste Interesse aufgebracht hatten, daneben aber auch Sendungen zu philosophischen, politischen und naturkundlichen Themen. Nie ließen sie sich jedoch durch das Fernsehprogramm von anderen Plänen wie Wandern, Einladungen und Reisen abhalten. Wenn möglich, nahmen sie die Sendungen, die sie nicht direkt anschauen konnten, auf und schauten sie später an.

In letzter Zeit hatte Frau Kleiter ein besonderes Interesse für das Internet entwickelt. Im Computerkurs hatte sie gelernt, damit umzugehen, und war fasziniert von den enormen Möglichkeiten, die sich ihr durch dieses Medium eröffneten. »Das Internet ist wohl dein neuer Geliebter«, meinte ihr Mann schmunzelnd. »Nur keine Eifersucht«, beruhigte ihn seine Frau.

»Es stimmt, ich bin total fasziniert davon, was man damit alles machen kann. Viele Dinge werden dadurch enorm viel einfacher. Ich habe zum Beispiel herausgefunden, dass wir unsere nächste Theaterreise nach München per Internet buchen können. Ich kann im Internet sogar genau die Plätze anklicken und buchen, die wir haben möchten. Außerdem habe ich die Fahrpläne für die Reise im Internet gefunden und jetzt habe ich herausgefunden, wie ich sogar die Fahrkarten per Internet kaufen kann. Denk mal, wir ersparen uns den lästigen Gang zum Bahnhof und das lange Warten am Schalter. Ich sitze gemütlich zu Hause am PC, suche den passenden Zug und buche die Fahrkarten. Unglaublich! Ich hätte nie gedacht, dass das Internet eine solche Bereicherung sein könnte!«

Eines Tages kam Herr Kleiter strahlend von einem Einkaufsbummel aus der Stadt zurück. »Jetzt wirst du aber staunen, was ich gekauft habe«, sagte er geheimnisvoll und zog eine Kassette mit CDs aus seiner Tasche. »Das sind Hörbücher. Ganze Romane werden da gelesen. Wir haben in letzter Zeit das Lesen ja einschränken müssen, weil die Augen nicht mehr so recht mögen und so schnell müde werden. Jetzt können wir die Literatur wieder voll genießen, und dazu noch von hervorragenden Schauspielern gelesen.«

»Du wirst lachen«, entgegnete Frau Kleiter, »aber ich habe schon wieder etwas Sensationelles entdeckt, was das Internet liefert. Sag es aber nicht den Kindern, dass ich erst jetzt darauf gestoßen bin. Sonst lachen sie, weil das für sie selbstverständlich ist. Für mich ist es aber eine unglaubliche Bereicherung. Ich wusste schon lange, dass man per Internet Nachrichten an andere verschicken kann. Aber ich habe immer gefunden, wir machen das nicht. Wir bleiben beim Schreiben von Briefen, die, wie eh und je, mit der Post verschickt werden. Jetzt habe ich aber die großen Vorzüge des Mailens entdeckt.«

Voller Begeisterung berichtete Frau Kleiter ihrem Mann, dass sie vor einigen Tagen mit einer ihrer Schulfreundinnen, die in den USA lebt, telefoniert und ihr zum Geburtstag gratuliert habe. Am Ende des Gesprächs habe sie ihr Bedauern darüber ausgedrückt, dass der Kontakt bei der großen Distanz, die zwischen ihnen liege, sich auf wenige Briefe und noch seltenere Telefongespräche beschränke. Die Freundin habe entgegnet, warum Frau Kleiter ihr denn nicht maile. Sie könnten sogar über ein bestimmtes Programm direkt miteinander chatten, das heißt einen Dialog miteinander führen. »Und das Tollste ist, dass sie mir empfohlen hat, ich solle eine spezielle Kamera kaufen, die sich an den Computer anschließen lasse. Sie habe auch eine, dann könnten wir uns beim Kommunizieren sogar gegenseitig sehen«, fügte Frau Kleiter voller Begeisterung hinzu.

Sie habe sich jetzt eine E-Mail-Adresse eingerichtet und das Programm zum Chatten heruntergeladen und bereits einen ersten Dialog mit der Freundin geführt. In den nächsten Tagen werde sie sich dann auch eine Kamera besorgen. »Das ist phänomenal! Über die Tausende von Kilometern hinweg kommunizieren wir jetzt direkt miteinander, und zwar so viel und so oft wir wollen.«

Das Ehepaar Kleiter habe ich hier stellvertretend für eine keineswegs kleine Gruppe von älteren Menschen dargestellt, die nach der Pensionierung die neuen Technologien nicht ängstlich meiden und als »völlig unnötig« beiseiteschieben, sondern sich auf das *Wagnis* einlassen, sich damit auseinanderzusetzen. Solche Menschen machen in der Regel die gleiche Erfahrung wie das beschriebene Ehepaar, eine Erfahrung, die Frau Kleiter mit den Worten »Das ist phänomenal!« treffend zusammenfasst.

Gewiss gibt es auch die älteren Menschen, die während der letzten Jahre ihrer Berufstätigkeit gezwungenermaßen noch einen PC verwenden mussten. Sie haben dies jedoch, wie Herr Kleiter, mit größtem Widerwillen getan und waren froh, dass sie all die technischen Neuerungen mit der Pensionierung hinter sich lassen konnten. Auch dem Ehepaar Kleiter ist es ein Stück weit so ergangen. Nur sind sie Menschen, die sich dem Neuen daraufhin nicht total und für immer verschlossen haben, sondern offen geblieben sind.

In einer solchen *prinzipiellen Offenheit* liegt eine große Chance, die, wie es das im Beispiel beschriebene Ehepaar erfährt, zu einer enormen Bereicherung werden kann. Wie ich zuvor (siehe ab S. 30) geschildert habe, ist es keineswegs so, dass ältere Menschen sich nicht mehr an neue Gegebenheiten im sozialen, politischen, kulturellen oder eben auch im technischen Bereich anpassen könnten. Über diese Fähigkeit der Anpassung verfügen sie allemal. Die Frage ist nur: Setzen sie diese Fähigkeit auch tatsächlich ein? Und verfügen oder entwickeln sie genügend *Selbstvertrauen*, sich auf ein solches »Abenteuer« einzulassen, selbst wenn die Umgebung diesbezüglich skeptisch ist und ihnen signalisiert, dass sie dazu wohl nicht mehr fähig seien?

Es ist für ältere Menschen, die sich auf das »Abenteuer Technik« und die neuen Medien einlassen, typisch, dass sie sich, wie das Ehepaar Kleiter, zunächst unsicher und zögernd an diesen Bereich herantasten, dann aber schon bald erkennen, welche großen Möglichkeiten sich ihnen hier auftun, und schließlich diese Medien voller Begeisterung nutzen. Gerade im Alter, wenn die Beweglichkeit eingeschränkt ist und die Gänge zu Theaterkassen und anderen Vorverkaufsstellen für Aufführungen der verschiedensten Art beschwerlich werden, kann das *Internet* ihnen eine enorme Erleichterung bringen.

Wie Frau Kleiter ihrem Mann voller Begeisterung berichtet, können per Internet Theater- und Opernkarten und Bahnfahrkarten bestellt und gekauft werden, und es lassen sich Fahrpläne für Reiserouten in verschiedene Länder finden und ausdrucken. Aber auch Informationen aus den verschiedensten Wissensgebieten sind über das Internet abrufbar und tragen dazu bei, den Wissens- und Interessenhorizont der älteren Menschen zu erweitern.

Nicht zuletzt entdecken Ältere, die die Möglichkeiten des Internet zu nutzen beginnen, die große Chance, die ihnen dieses Medium auch im *kommunikativen Bereich* bietet. So kann Frau Kleiter nun per E-Mail mit der Freundin aus den USA einen regen Gedankenaustausch führen, wie sie ihn per Brief nicht gepflegt hat. Außerdem kann über spezielle Programme per Chat eine Diskussion zwischen ihnen stattfinden, ähnlich wie bei einem Telefongespräch, nur wesentlich billiger. Und bei Verwendung einer Kamera können die beiden Freundinnen einander sogar sehen, während sie miteinander chatten.

Die Tatsache, dass das Ehepaar Kleiter sich auf die neuen Medien einlässt und deren Möglichkeiten nutzt, zeigt sich auch in ihrer – gegenüber früheren Jahren erheblich veränderten – Einstellung zu Video- und CD-Playern. Nicht wenigen älteren Menschen geht es wie den Kleiters, die diese Medien zunächst ablehnen und befürchten, sie kämen damit nicht zurecht. Wenn sie sich damit aber genauer auseinandersetzen, stellen sie bald fest, dass die Handhabung dieser Geräte längst nicht so schwierig ist, wie sie ursprünglich angenommen haben. Und wenn sie Probleme damit haben, besteht ja auch die Möglichkeit, jüngere Verwandte oder Freunde um Hilfe zu bitten, die mit den neuen Technologien aufgewachsen sind und keine Mühe haben, damit umzugehen. Auf diese Weise können auch Kontakte zwischen den Älteren und den Jüngeren geknüpft und intensiviert werden.

Die große Chance von *Video-, DVD- und CD-Geräten* gerade für ältere Menschen zeigt sich darin, dass das Ehepaar Kleiter Sendungen, die die beiden besonders interessieren, aufnehmen und später anschauen kann. Auch ist es ihnen mit Hilfe dieser Geräte nun möglich, DVDs mit den sie interessierenden Filmen zu kaufen und mit Hilfe des CD-Players Hörbücher abzuspielen und so trotz der Probleme, die sie wie viele andere Ältere mit dem Sehvermögen haben, Romane und andere literarische Werke kennenzulernen.

Auf diese Weise können ältere Menschen sich breit informieren, ihr Wissen erweitern und am kulturellen, sozialen und politischen Leben der Gegenwart teilnehmen. Dies hält sie nicht nur geistig wach, sondern fördert auch den Kontakt zu den Angehörigen der jüngeren Generation und stellt für die älteren Menschen eine Bereicherung ihres Lebens dar.

Gerade im Alter haben sie nun die nötige Zeit und Muße, sich mit den in den verschiedenen Sendungen und Filmen behandelten Themen ausführlich und in differenzierter Weise auseinanderzusetzen und mit anderen Interessierten zu diskutieren. Was vor der Pensionierung wegen der wenigen Zeit, die ihnen geblieben ist, und wegen der beruflichen Belastungen kaum möglich war, kann nun voll gelebt und genossen werden. Das Ehepaar Kleiter im dargestellten Beispiel nimmt diese Chance wahr und reagiert deshalb mit so großer Begeisterung auf die »Entdeckung« der neuen technischen Errungenschaften.

Es ist schließlich noch auf den veränderten Umgang der Kleiters mit dem *Fernsehen* einzugehen. Mit Recht haben sie sich vorgenommen, im Alter auf keinen Fall stundenlang vor dem Fernseher zu sitzen und von einem Programm ins nächste zu zappen. Dies ist tatsächlich eine Gefahr für ältere Menschen, die sich in verschiedener Weise verhängnisvoll auswirken kann.

Zum einen kommt es durch den exzessiven Fernsehkonsum, der den größten Teil des Tages einnimmt, zu einem erheblichen Rückzug von sozialen Kontakten mit Familienangehörigen und Freundinnen und Freunden, was bis in die Vereinsamung führen kann. Zum anderen hat der exzessive Fernsehkonsum auch in gesundheitlicher Hinsicht negative Folgen, da solche Menschen sich kaum noch bewegen. Insofern haben die Kleiters recht gehabt, wenn sie sich ausdrücklich vorgenommen haben, im Alter nicht stundenlang vor dem Fernseher zu sitzen, sondern sich in der Natur zu bewegen und die sozialen Kontakte zu pflegen.

Das beschriebene Ehepaar hat diese Gefahr erfolgreich vermieden. Dies heißt jedoch nicht, dass ältere Menschen, die ihr Leben wie die Kleiters gestalten wollen, auf das Fernsehen und das, was dieses Medium ihnen an Positivem bietet, verzichten müssen. Es gilt vielmehr, einen konstruktiven Weg zu gehen, indem sie gezielt die Sendungen auswählen, die sie anschauen möchten. Außerdem können sie wie das beschriebene Ehepaar die sie interessierenden Filme und Dokumentationen, die sie nicht unmittelbar anschauen können, aufnehmen.

Es ist für alle Menschen, aber aufgrund der genannten Gefahren (des sozialen Rückzugs und des Bewegungsmangels) speziell im Alter wichtig, nicht wahllos von einem Programm zum anderen zu springen und das Fernsehen nicht zu einer Tätigkeit werden zu lassen, die viele Stunden des Tages füllt. Dies bedeutet, dass die Älteren die großen Möglichkeiten dieses Mediums nutzen und gezielt das auswählen, was ihnen wichtig ist und sich bereichernd für sie selbst und für Diskussionen mit anderen Menschen auswirkt.

Dies gilt auch für die Betagten, die aufgrund schwererer körperlicher Gebrechen in ihrer Beweglichkeit erheblich eingeschränkt sind. Für sie ist das Fernsehen ein besonders wichtiges Medium, weil es ihnen die Welt, an der sie nicht mehr direkt oder in nur begrenztem Maße teilnehmen können, in ihr Zimmer trägt. Sie werden auch insgesamt mehr Zeit am Fernseher verbringen als andere Menschen. Dennoch gilt es auch für solche Ältere, eine bewusste Wahl zwischen den verschiedenen Programmen zu treffen und insbesondere das Fernsehen nicht an die Stelle sozialer Kontakte treten zu lassen.

Jugendwahn oder Würde des Alters?

Frau Wenkendorf war in jungen Jahren eine Frau von großer Schönheit. Sie hatte ein ebenmäßiges Gesicht, eine Figur, die ihresgleichen suchte, und besaß eine intensive Ausstrahlung. Schon der 40. Geburtstag hatte ihr Probleme bereitet, doch es beruhigte sie, dass sie wie eine Frau von Anfang 30 wirkte.

Der 50. Geburtstag war eine Katastrophe für sie. Er wurde nicht gefeiert, und sie beschwor ihren Mann, zu niemandem auch nur ein einziges Wort über ihren Geburtstag und ihr Alter verlauten zu lassen. Frau Wenkendorf war total verzweifelt. »Jetzt bin ich eine alte Frau. Schau mich doch an, wie ich aussehe! Grauenvoll!«, klagte sie ihrer engsten Freundin, die Einzige, mit der sie über ihr Alter sprach.

Im Zusammenhang mit der schweren Krise, die Frau Wenkendorf in den folgenden Jahren durchmachte, hatte sie, zunächst kaum wahrnehmbar, im Verlauf der Zeit aber immer deutlicher sichtbar werdend, erheblich an Gewicht zugenommen. An ihrem 60. Geburtstag wog sie bei einer Körpergröße von 1,68 m 80 kg. Außerdem begann sie in dieser Zeit, ihr Äußeres zu vernachlässigen. Der Verlust ihrer früheren Figur und ihrer Schönheit, auf die sie so stolz gewesen war, verstärkte die Krise nochmals und führte zu schweren Depressionen mit einer derartigen Verzweiflung, dass Frau Wenkendorf unter dem Eindruck stand, das Leben habe für sie keinen Sinn mehr.

Ihr Ehemann war von jeher sehr stolz auf seine von allen bewunderte Frau gewesen. Er war äußerst beunruhigt, als er die körperliche Veränderung seiner Frau wahrnahm. Als ihm klar wurde, in welcher tiefen Krise sie sich befand, schenkte er ihr einen sechswöchigen Aufenthalt in einer teuren »Beauty-Farm«. Seine Hoffnung, dass seine Frau dort neuen Mut schöpfen und wieder beginnen würde, auf ihr Äußeres, vor allem im Hinblick auf das Gewicht, zu achten, erfüllte sich voll. Während ihres Aufenthaltes auf der Beauty-Farm blühte Frau Wenkendorf sichtbar auf. Sie begann ihr Gewicht zu reduzieren und genoss die große Zahl von Angeboten des für sie zusammengestellten Beauty-Programms. Als sie nach sechs Wochen zu ihrem Mann zurückkehrte, wirkte sie um Jahre jünger als zuvor.

In der Folge zeigte sich nun aber eine Entwicklung, die niemand im Umfeld von Frau Wenkendorf geahnt hatte: Sie war wie besessen von der Idee, wieder die Figur zu bekommen, die sie als junge Frau gehabt hatte. Stundenlang suchte sie im Internet nach Methoden, wie sie ihr Gewicht möglichst schnell reduzieren könne, und informierte sich über Angebote für kosmetische Operationen. Ohne Rücksicht auf gesundheitliche Risiken hungerte sie sich innerhalb weniger Monate von den ursprünglich 80 kg auf 50 kg herunter. Außerdem ließ sie sich operativ Fett entfernen und die Bauchhaut straffen. Es folgten ein Lifting des Gesichts und verschiedene kosmetische »Retouchen«, wie sie diese Operationen nannte. Das Ziel war, durch diese Operationen ihrem Gesicht wieder ein jugendliches Aussehen zu verleihen.

War es ihr in Kleiderfragen früher darum gegangen, stets der neusten Mode entsprechend, mitunter auch durchaus extravagant gekleidet zu sein, so wählte sie ihre Kleider nun in erster Linie nach den Farben aus. Für Frau Wenkendorf kamen nur noch helle Farben infrage, bevorzugt hellblau, rosa, gelb und weiß.

Ihre Haare waren in der Jugend blond gewesen und waren im mittleren Lebensalter etwas nachgedunkelt. Ab dem 50. Lebensjahr waren zunächst einige wenige, im Verlauf der folgenden Jahre aber mehr und mehr graue Strähnen zu sehen gewesen. Jetzt, mit 70 Jahren, ließ Frau Wenkendorf ihr

Haar hellblond färben, und sie war darauf bedacht, dass auch nicht ein einziges graues Haar sichtbar wurde. Da sie mindestens zweimal pro Woche in ein Solarium ging, war sie stets braun gebrannt, und sie war besonders stolz auf den Kontrast zwischen ihrem tiefbraunen Gesicht und den hellblonden Haaren.

Herr Wenkendorf beobachtete diese Entwicklung seiner Frau mit gemischten Gefühlen. Auf der einen Seite war er von Beginn ihrer Ehe an stolz auf die Schönheit seiner Frau gewesen, und er war sehr beunruhigt gewesen, als er realisiert hatte, wie stark sie sich im Alter von 60 Jahren vernachlässigt hatte. Andererseits empfand er die Aktivitäten, die sie nach dem Aufenthalt auf der Beauty-Farm unternommen hatte, zum Teil doch als extrem. So wären seiner Meinung nach die von seiner Frau »kleine Retouchen« genannten Gesichtsoperationen nicht nötig gewesen. Und ihr jetziges Gewicht von 50 kg erschien ihm »hart an der Grenze zur Magersucht«, wie er einmal sorgenvoll seiner Schwester gestand.

Hinzu kam, dass Frau Wenkendorf zwar schon immer Interesse an der Musik und den Aktivitäten der jüngeren Generation gehabt hatte, sich jetzt aber exzessiv und ausschließlich damit beschäftigte. Auch in ihrer Sprache verwendete sie jetzt häufig Formulierungen, wie die Jugendlichen sie benutzten. »Megageil«, »cool« und »hipp« gehörten zum Erstaunen und auch Befremden ihrer Umgebung jetzt zu ihrem üblichen Repertoire.

Anfangs empfanden es ihre beiden Enkel (im Alter von 14 und 15 Jahren) »geil«, eine solche Großmutter zu haben, die sich ausdrückte wie sie. Als Frau Wenkendorf jedoch den Wunsch äußerte, zusammen mit den Enkeln zu einem Rockkonzert zu gehen, sagten sie unmissverständlich, dass das für sie absolut nicht infrage komme. »Wir machen uns ja lächerlich vor unseren Kollegen, wenn wir mit Omi da ankommen: ›Von hinten Lyzeum, von vorne Museum!‹ hieß früher doch der Spruch dazu, oder? Den sollte Omi doch kennen!«, erklärten sie empört ihrer Mutter. »Das lasst Omi bloß nicht hören. Sonst ist sie wahnsinnig gekränkt«, meinte die Mutter. »Wir dürfen ja in der Öffentlichkeit nicht einmal ›Omi‹ zu ihr sagen, sondern sollen sie mit ihrem Vornamen Roswitha ansprechen«, beklagten sich die Enkel. »In dieser Hinsicht spinnt sie wirklich total.«

Nur wenige Häuser von Frau Wenkendorf entfernt wohnte Frau Anker, die vor kurzem ebenfalls ihren 70. Geburtstag gefeiert hatte. Auch sie hatte in jungen Jahren als Schönheit gegolten, mit ihrem schwarzen Haar, ihrer sportlichen Figur und ihrer sympathischen Ausstrahlung. Im Gegensatz zu Frau Wenkendorf bereiteten ihr der 40., 50. und 60. Geburtstag jedoch keine Probleme. Sie hielt ihr Alter auch nicht geheim und genoss es, ihre Geburtstage mit Verwandten und Freunden zu feiern.

Ähnlich wie Frau Wenkendorf war auch Frau Anker stets modisch gekleidet. Leitlinie bei der Auswahl ihrer Kleidung war ihr aber schon in jungen Jahren gewesen, dezent zu wirken. Nun, im Alter, war ihr dies noch wichtiger geworden. »Nichts wäre mir peinlicher, als wie eine 70-jährige Jugendliche zu wirken. Ich bin alt und finde das gut so«, meinte sie zu einer Freundin, als das Gespräch einmal auf das Alter kam. Nach wie vor legte Frau Anker Wert auf modische Kleidung, war zugleich aber auch darauf bedacht, dass sie ihrem Alter entsprach. Ihr kurz geschnittenes Haar war in den letzten Jahren stark ergraut und bildete einen interessanten Kontrast zu den frischen Farben ihres Gesichts.

Wo immer Frau Anker erschien, fiel sie durch ihre gepflegte, aparte Erscheinung auf. »Ihre Mutter hat so etwas Würdevolles«, meinte eine Nachbarin beim 70. Geburtstag von Frau Anker bewundernd zur Tochter. Es sei eine »unauffällige Eleganz«. »Sie ist kein altes Mütterchen, aber auch keine Frau, die krampfhaft und erbittert gegen ihr Alter kämpft.« »Ja, sie akzeptiert ihr Alter und lebt und kleidet sich so, wie es einer 70-Jährigen entspricht«, bestätigte die Tochter. »Das bewundere ich auch an ihr. Das ist gerade bei dem heute herrschenden Jugendwahn überhaupt nicht einfach.«

In diesem Beispiel sind zwei völlig unterschiedliche Frauen einander gegenübergestellt: Frau Wenkendorf, eine Frau, für die das Alt-Werden eine Katastrophe bedeutet und die mit allen Mitteln dagegen kämpft, und Frau Anker, die keine Probleme damit hat und, wie es die Nachbarin ausdrückt, »in Würde« alt wird.

Interessant dabei ist, dass sie beide von jeher modebewusste Frauen sind. Nur treffen sie unter der modischen Kleidung völlig unterschiedliche Wahlen: Während Frau Wenkendorf betont jugendliche Modelle und vor allem helle, jugendlich wirkende Farben bevorzugt, ist es Frau Anker, wie sie es selbst formuliert, wichtig, nicht wie eine »70-jährige Jugendliche« zu wirken. Sie möchte modisch, aber altersgemäß gekleidet sein und ist gerade dadurch eine auffallende, apart wirkende Erscheinung.

Die beiden geschilderten Frauen repräsentieren ein Spannungsfeld, in dem sich die heutige ältere Generation befindet. Wir leben in einer Gesellschaft und einer Zeit, in der Jugendlichkeit zum »Maß aller Dinge« gemacht wird. Während in anderen Kulturen und anderen Epochen die Menschen im höheren Lebensalter einen hohen sozialen Status innehatten, gilt das Alter bei uns eher als ein negatives Merkmal, das durch körperliche Fitness und jugendliches Aussehen und Verhalten so weit wie möglich verdeckt werden soll. Eine solche Ideologie übt auf die älteren Menschen einen nicht zu unterschätzenden Druck in Richtung Jugendlichkeit aus. »Man tut, was man kann« ist die typische Antwort eines 70-jährigen Menschen auf die bewundernde Frage: »Wie machst du das bloß, immer noch wie 50 auszusehen?«

Um sich diesem *Druck, jugendlich zu wirken*, zu *widersetzen*, ist eine starke, *selbstbewusste Persönlichkeit* erforderlich. Sie zeichnet sich dadurch aus, dass sie für ihren Selbstwert nicht allein auf die Bewunderung, die sie wegen ihrer körperlichen Schönheit erfährt, angewiesen ist, sondern sich anderer Qualitäten und Fähigkeiten bewusst ist.

Die unheilvollen Konsequenzen eines sich allein auf die Jugendlichkeit und die körperliche Schönheit (im Sinne einer jugendlich wirkenden Schönheit) gründenden Selbstwertgefühls zeigen sich deutlich bei Frau Wenkendorf. In dem Moment, in dem die Zeichen des Alters sich nicht mehr verheimlichen lassen (erste graue Haare und Falten), kommt es zu einer schweren Krise, die sich bezeichnenderweise gerade im körperlichen Bereich manifestiert: bei ihr in Form der körperlichen Vernachlässigung und der massiven Gewichtszunahme.

Man könnte es als eine positive Entwicklung betrachten – und ein Stück weit ist sie das auch –, dass Frau Wenkendorf nicht völlig in der Depression versinkt, sondern mit dem Aufenthalt in der »Beauty-Farm« wieder beginnt, sich zu pflegen und auf ihr Äußeres zu achten. Nur nimmt dies bei ihr, wie ihr Mann und andere feststellen, schon bald groteske Formen an: das rigorose Abnehmen bis zu einem Gewicht, das schon fast im pathologischen Bereich liegt, die verschiedenen kosmetischen Operationen, mit deren Hilfe der Körper in einen jugendlich wirkenden Zustand gebracht werden soll, die hellblond gefärbten Haare, das ihre Gesundheit gefährdende excessive Benutzen des Solariums und die Angleichung ihrer Sprache an die der Jugendlichen, ein Verhalten, das bei einer Frau ihres Alters nicht jugendlich, sondern, wie ihre Enkel richtig bemerken, peinlich wirkt.

Ganz anders Frau Anker: Sie verfügt offensichtlich über

ein gesundes, stabiles Selbstvertrauen. Gewiss genießt auch sie die Bewunderung, die sie von ihrer Umgebung erfährt. Sie ist darauf jedoch nicht angewiesen, da sie noch andere, ihr weitaus wichtigere Quellen für ihr Selbstwertgefühl besitzt. Dazu gehören neben einem seit jeher bestehenden basalen Selbstvertrauen das Wissen um eine Fülle von Fähigkeiten, die sie in ihrem Leben entwickelt hat und die ihr in vielerlei Hinsicht Erfolge gebracht haben, sowie die Gewissheit, von ihren Bezugspersonen als die akzeptiert zu werden, die sie ist. Für eine Frau wie sie ist es letztlich unwichtig, ob sie jung oder alt ist. Ihr sind andere Dinge wichtig, und es schmeichelt Menschen wie ihr keineswegs, wenn sie als wesentlich jünger eingeschätzt werden, als sie tatsächlich sind.

Frau Anker kämpft nicht, wie Frau Wenkendorf, gegen ihr Alter an und versucht es nicht mit allen Mitteln zu verdecken. Sie akzeptiert es vielmehr und kleidet und verhält sich so, wie es ihrem Alter angemessen ist. Dadurch kann sie in Würde altern und verfällt nicht, wie Frau Wenkendorf, in eine Krise, als sich die Zeichen des Alters nicht mehr verheimlichen lassen.

Es ist unheilvoll, dass in unserer Gesellschaft das Alter einen nur geringen Status hat und zugleich eine Fülle von Möglichkeiten zur Aufrechterhaltung eines jugendlichen Aussehens bestehen und die entsprechenden Maßnahmen auch mittels Werbung und vielfältigen Angeboten propagiert werden. Dadurch wird dem heutigen Jugendlichkeitswahn Vorschub geleistet und den älteren Menschen suggeriert, das Alter lasse sich dauerhaft ausblenden.

Auf dieser Machbarkeitsillusion und dem Streben nach Jugendlichkeit bauen heute ganze Industriezweige auf (kosmetische Operationen, diverse Fitnessprogramme und diätetische Maßnahmen, Schönheitskuren, Bekleidungsindustrie etc.). Sie haben die ältere Generation als kaufkräftige Konsumentengruppe entdeckt und beliefern sie eifrig mit all dem, was die Älteren angeblich »unbedingt brauchen«. Wie stets im wirtschaftlichen Bereich stehen auch hier Angebot und Nachfrage in einer engen Wechselwirkung. Der Wunsch nach derartigen Maßnahmen führt dazu, dass entsprechende Angebote geschaffen werden. Ein großes Angebot erhöht aber zugleich auch den Bedarf, indem älteren Menschen suggeriert wird, diese Angebote seien unverzichtbar und müssten von ihnen unbedingt wahrgenommen werden.

Hier stellt sich die Frage, warum das *Streben nach Jugendlichkeit* in unserer Gesellschaft ein so *hoch bewertetes Ziel* darstellt. Auf einer ersten Ebene geht es darum, mit der Jugendlichkeit *körperliche Unversehrtheit* zu signalisieren. Je jugendlicher eine Person wirkt, als desto gesünder wird sie eingeschätzt, auch wenn diese Gleichsetzung in der Realität selbstverständlich keine Berechtigung hat. Dieses Ideal wird uns in der Werbung für die verschiedensten Produkte immer wieder vor Augen geführt. In der weitaus größten Zahl dieser Darstellungen sehen wir junge Menschen mit trainierten, gebräunten Körpern, die für ein Produkt werben – und diese Darstellungen verfehlen ihre Wirkung nicht, indem sie älteren Menschen suggerieren, auch sie müssten diesem Idealbild entsprechen.

Auf einer zweiten, tieferen Ebene liegt dem Streben nach Jugendlichkeit der Wunsch zugrunde, die *Endlichkeit des Lebens auszublenden* und gleichsam »ewige Jugend« zu erlangen. Dieser Wunsch hat die Menschheit seit jeher erfüllt. Er ist Thema in Märchen, Mythen und religiösen ebenso wie esoterischen Systemen und ist in der Gegenwart wohl deshalb so besonders aktuell geworden, weil heute die Lebenserwartung ungleich höher ist als in vergangenen Epochen und dadurch die Zeit des Alters wesentlich länger ist als früher.

Dies bedeutet zum einen, dass der *Tod weiter hinausgeschoben* ist denn je. Dies gilt nicht nur für die Auseinandersetzung mit dem Altern, sondern generell in unserer

Gesellschaft. Das Sterben wird im Allgemeinen nicht mehr in den Familien erlebt, sondern findet zumeist in Spitälern, Hospizen und Pflegeheimen statt. Auf diese Weise wird der Tod aus der Gesellschaft ausgeschlossen. Dies fördert die Illusion, das Leben lasse sich unendlich verlängern.

Zum anderen konfrontiert die höhere Lebenserwartung die heute lebenden Menschen aber auch mit der – bei ihnen oft Angst auslösenden – Möglichkeit, in den vielen, nach der Pensionierung noch vor ihnen liegenden Jahren des Alterns *auf Hilfe von außen angewiesen* zu sein. Das Streben nach Jugendlichkeit erfüllt unter diesem Aspekt die Funktion, sich selbst im Hinblick darauf zu beruhigen, dass dieses Stadium des Alters noch längst nicht erreicht ist und Hilfsbedürftigkeit und das Ende des Lebens noch in weiter Ferne liegen, wenn sie mit der Illusion der ewigen Jugend nicht sogar total verleugnet werden.

Angesichts dieser in unserer Gesellschaft und in unserer Zeit weitverbreiteten Tendenz, Hilfsbedürftigkeit und Tod auszublenden, bedeutet *»in Würde altern«* nicht nur, sich körperlich dem Alter angemessen zu präsentieren, zu kleiden und zu verhalten, sondern letztlich auch, sich der Tatsache der *eigenen Endlichkeit bewusst* zu sein und das *memento mori*, das mit dem Sterben der Vorgeneration und der gleichen Generation ebenso wie mit den ersten grauen Haaren und dem – wenn auch vielleicht zunächst kaum merklichen – Nachlassen der Kräfte anklopft, ernst zu nehmen und die Augen nicht vor ihm zu verschließen.

Dies bedeutet keineswegs, dass man resigniert und fatalistisch auf das Ende zu warten hat. Die Akzeptanz der eigenen Endlichkeit kann vielmehr gerade umgekehrt zu einer *lebensbejahenden* Haltung führen, aus der heraus jedes Jahr, ja jeder Tag des Alters *als Geschenk erfahren und konstruktiv gestaltet* wird.

Leben in der Alters-Wohngemeinschaft und andere alternative Wohnformen

Herr Lukas, ein rüstiger 70-jähriger Mann, ist seit 25 Jahren geschieden. Seine drei Kinder sind erwachsen und schon vor vielen Jahren aus dem Elternhaus ausgezogen. Dennoch ist Herr Lukas in seinem Einfamilienhaus geblieben, obwohl es, wie er selbst immer wieder betont, »eigentlich Verhältnisblödsinn« sei, als alleinstehender Mann in einem 9-Zimmer-Haus mit großem Garten und Schwimmbad zu wohnen. Er genießt es aber, sich räumlich in keiner Weise einschränken zu müssen, findet es ideal, getrennte Wohn- und Essräume zu haben, unter dem Dach eine Bibliothek einrichten zu können und genügend Platz für Gäste zu haben, so dass seine Kinder mit ihren Familien bei Besuchen jederzeit bei ihm wohnen können.

In der letzten Zeit spürt Herr Lukas jedoch, dass ihm das Haus und der große Garten eigentlich zu viel Arbeit bereiten. Er hat zwar einen Gärtner, der den Garten in Ordnung hält, den Rasen mäht, die Bäume und Sträucher schneidet und für die Sauberkeit des Schwimmbads sorgt. Und dreimal in der Woche kommt eine Frau, um zu putzen und die Wäsche zu machen. Doch immer wieder gibt es Tage, in denen Herr Lukas sich in dem großen Haus einsam fühlt und den Eindruck hat, die ihm verbleibende Arbeit in Haus und Garten würde ihm zu viel. Vor einigen Tagen hat er sich mit einem Immobilienmakler in Verbindung gesetzt und sich über die Verkaufsmöglichkeiten seines Hauses beraten lassen. Er selbst würde dann eine Eigentumswohnung kaufen und dort leben.

Bei einer Einladung von gleichaltrigen Freundinnen und Freunden berichtet er von diesen Plänen. Sie stimmen ihm zu, dass der Auszug aus dem Einfamilienhaus ein sehr sinnvoller Schritt sei, ja, dass sie sich eigentlich schon lange gewundert hätten, dass er immer noch in diesem großen Haus wohne. Nur eine Freundin ist der Meinung, es sei schade, dass er das Haus verkaufen wolle. Sie habe immer wieder gedacht, das Haus eigne sich doch bestens für eine Alters-WG. Dieser Gedanke ruft bei den anderen Anwesenden größte Belustigung hervor: »Das wär's noch, eine Alters-WG!«, »Je älter, umso verrückter werden sie, würden dann sicher die Nachbarn sagen«, »Nein, ich habe schon in jungen Jahren nie in einer WG wohnen wollen. Und jetzt im Alter, wo ich an mein unabhängiges Leben gewöhnt bin, in eine WG? Niemals!«

Am nächsten Tag erhält Herr Lukas vom Ehepaar Maier, die am Vorabend seine Gäste gewesen sind, einen Anruf. Ihnen sei die Idee mit der WG immer wieder durch den Kopf gegangen. Vielleicht sei es doch keine »Schnapsidee«, wie sie es zunächst empfunden hätten, sondern etwas, das man ernsthaft prüfen sollte. Sie seien bereit, einige gleichaltrige Freundinnen und Freunde zu fragen, ob sie an einem solchen Projekt interessiert seien, und dann ein Treffen zu organisieren, bei dem der Plan genauer besprochen werden könne. Was Herr Lukas dazu meine? Er ist sehr erstaunt über diesen Vorschlag, denn er selbst hat die Idee absurd gefunden, in seinem Haus eine Alters-WG einzurichten. »Ich wäre nie auf eine solche Idee gekommen. Warum aber nicht mal überlegen, ob das ein sinnvolles Projekt ist und ob wir andere finden, die dabei mitmachen würden?«, entgegnet er.

Schon wenige Wochen später findet eine Sitzung statt, an der außer Herrn Lukas das Ehepaar Maier (beide 74-jährig), das die Sitzung organisiert hat, sowie Frau Waldmann (79-jährig), Frau Hofer (71-jährig) und Herr Eicher (73-jährig) teilnehmen. Obwohl alle zunächst noch unsicher sind, ob sich der Plan einer Alters-WG wirklich realisieren lasse, zeigt sich schon bald, dass es sich lohnen würde, das Projekt genauer zu planen und zu schauen, wie es sich umsetzen ließe. Ein großer Vorteil liegt darin, dass die 6 an der WG Interessierten seit Jahren miteinander befreundet sind, oft auch schon Urlaubswochen miteinander verbracht haben und sich insofern bestens kennen.

Viele Abende sitzen die sechs Frauen und Männer nun über Hausplänen, überlegen, wie sie die Räume untereinander aufteilen könnten und ob allenfalls Umbauten nötig wären. Sie kommen zum Schluss, dass das Ehepaar und die anderen Einzelpersonen je ein Schlafzimmer erhalten und die verbleibenden drei großen Räume gemeinsam als Wohnraum, Esszimmer und Bibliothek/Lese-/Aufenthalts-raum genutzt werden sollen. Da es bereits drei Badezimmer mit Duschen und Badewannen gibt, muss diesbezüglich nichts geändert werden. Eine einzige Küche scheint ihnen allerdings zu wenig, und sie beschließen deshalb, den einen noch zur Verfügung stehenden relativ großen Raum in eine Wohnküche umbauen zu lassen. Rechtlich bleibt Herr Lukas Inhaber des Hauses, die fünf anderen Personen wer-den seine Untermieter.

Bereits ein halbes Jahr nach der ersten Sitzung ist alles so weit organisiert, dass zuerst das Ehepaar Maier und im Abstand von wenigen Tagen Frau Waldmann, Frau Hofer und Herr Eicher einziehen können.

Die Nachricht von der Alters-WG im Haus von Herrn Lukas macht im Freundes- und Bekanntenkreis der sechs Bewohner blitzschnell die Runde und löst eine lebhafte, zum Teil kontrovers geführte Diskussion aus. Während ei-nige die WG für eine »geniale Idee« halten, prophezeien andere, eine solche Wohnform sei im Alter von vornherein zum Scheitern verurteilt. »So etwas kann im Alter gar nicht klappen. Dazu sind die sechs viel zu große Individualisten«, meint etwa ein Sohn von Herrn Lukas.

Die Realität gibt indes denen recht, die dem Projekt positiv gegenüberstehen. Die sechs Bewohnerinnen und Bewohner fühlen sich ausgesprochen wohl miteinander und organisieren ihr Zusammenleben bestens. Daneben führt jede und jeder weiterhin sein Privatleben, wobei alle darauf bedacht sind, sich gegenseitig größtmögliche Freiräume zuzugestehen. Immer wieder wenden sich in der Folge auch Bekannte an sie, die sich aufgrund des Beispiels der »Lukas-WG«, wie sie im Freundeskreis bald genannt wird, mit dem Gedanken tragen, selbst eine solche Wohnform zu organisieren.

Interessanterweise zeigt sich bei anderen, die eine Alters-WG in Erwägung ziehen, dass noch etliche andere Projekte ähnlicher Art möglich wären. So überlegen drei Frauen im Alter zwischen 80 und 85 Jahren, eine WG zu bilden und von vornherein einzuplanen, gemeinsam eine Haushaltshilfe anzustellen, die bei ihnen täglich Putzarbeiten und Wäsche erledigen und für sie die größeren Einkäufe tätigen würde. Die drei Frauen berichten, dass sie vor der Bildung der Alters-WG auch mit ihren Hausärztinnen und den örtlichen spitalexternen Diensten abklären wollen, ob, falls notwendig, eine medizinische Betreuung zu Hause möglich sein wird.

Wieder andere Bekannte von Herrn Lukas sind der Ansicht, es sei doch viel besser, eine altersmäßig durchmischte WG zu gründen. Zwei Frauen, 79- und 81-jährig, und ein Mann, 73-jährig, besitzen drei Etagen in einem größeren Haus und nehmen in die eine Etage ein jüngeres Ehepaar mit kleinen Kindern auf. Die jüngeren Leute übernehmen einen Teil der Versorgung der Älteren. Die Älteren beaufsichtigen und versorgen dafür während der beruflichen Abwesenheit der Eltern in einer Art Großelternfunktion deren Kinder.

Wieder andere Bekannte, die bisher dem Auszug aus dem eigenen Haus völlig ablehnend gegenüberstehen, regt das

Beispiel der »Lukas-WG« an, sich nach Möglichkeiten eines betreuten Wohnens umzuschauen. Sie sehen den besonderen Vorteil dieser Wohnform darin, dass sie in eine bereits bestehende Organisation eintreten können und die Unterstützung durch Haushaltshilfen und medizinische Dienste nicht selbst organisieren müssen.

Die meisten jüngeren und älteren Menschen gehen wie selbstverständlich davon aus, dass im Alter bezüglich der Wohnform nur die Alternative besteht, entweder in der eigenen Wohnung oder im Altenheim zu leben. Wenn sie von einer Alters-WG hören, reagieren die meisten wie ein Teil der Bekannten von Herrn Lukas, die eine solche Wohnform für nicht realisierbar halten. Eines der Hauptargumente lautet, es sei speziell im Alter unmöglich, so eng miteinander zu leben, die Einzelnen seien viel zu große Individualisten, als dass sie sich noch an eine solche ihnen bisher fremde Wohnform gewöhnen könnten.

Wie die Erfahrungen der »Lukas-WG« und anderer Alters-WGs zeigen, sind solche Bedenken jedoch keineswegs berechtigt. Zumindest sollten ältere Menschen die Möglichkeit einer WG durchaus ins Auge fassen und genauer prüfen. Hier ist es ähnlich wie bei anderen Schritten, die aus dem bisher Üblichen und Vertrauten hinausführen. Es erfordert Mut, mitunter sogar eine gewisse Kühnheit, sich neue Wege zuzugestehen und sie nicht von vornherein als »unmöglich« von sich zu weisen.

Es gibt verschiedene *Bedingungen*, die dazu beitragen, dass eine Alters-WG zu einer für alle Beteiligten befriedigenden Wohnform wird. Zunächst ist es ein großer Vorteil – wenn auch nicht zwingend notwendig –, wenn die Bewohner *sich bereits vorher gut kennen*. Sie können dann besser abschätzen, ob sie einen ähnlichen Lebensstil und Lebensrhythmus haben und ob insgesamt die »Chemie« stimmt. Bei der im Haus von Herrn Lukas gegründeten WG ist dies der Fall, da die Beteiligten seit Jahren miteinander befreundet sind und auch schon Ferien miteinander verbracht haben.

Dabei ist allerdings zu berücksichtigen, dass es keineswegs eine Voraussetzung ist, dass alle WG-Bewohnerinnen und -Bewohner den gleichen Lebensstil haben und in ihrer Persönlichkeit weitgehend ähnlich sind. Es kann wie in anderen Lebensbereichen gerade eine konstruktive Herausforderung sein, sich mit Menschen zu konfrontieren, die von der eigenen Auffassung abweichende Vorstellungen und Lebensweisen haben. Um die darin liegende Chance nutzen zu können, bedarf es allerdings der *Toleranz* aller Beteiligten und des *Respekts* einander gegenüber sowie der *Rücksicht* aufeinander.

Außerdem ist es wichtig, dass *genügend Raum* zur Verfügung steht. Es ist in jüngeren Jahren eher möglich, in einer WG auf engem Raum zusammenzuleben. Im Alter aber sollte jede Person ihr eigenes Zimmer haben, und außerdem sollten genügend Räume für Essen und Wohnen zur Verfügung stehen und Küchen und Badezimmer in ausreichender Zahl vorhanden sein. Ist dies der Fall, so trifft die Befürchtung, es sei im Alter unmöglich, so eng miteinander zu leben, absolut nicht zu. Im Heim besteht ja im Allgemeinen noch viel weniger Privatraum, und dort leben die älteren Menschen auch ohne große Probleme zusammen.

Der Hinweis auf genügend Raum ist nicht nur im wörtlichen, sondern auch im übertragenen Sinn gemeint. Gerade in einer Alters-WG kommt es darauf an, dass die Bewohnerinnen und Bewohner sich gegenseitig Raum im Sinne von Toleranz, Individualität und Freiheit für je eigene Beziehungen und Tagesgestaltungen zugestehen. Gewiss kann dies eine Gratwanderung sein zwischen der Wahrung der eigenen Interessen und der Bereitschaft, sich für die Gemeinschaft zu engagieren. Gelingt dies jedoch, so ist es für alle eine große Bereicherung und kann eine wichtige Funktion beim persönlichen Wachstum erfüllen.

Eine weitere Frage, die es sinnvollerweise bei der Gründung einer Alters-WG zu klären gilt, ist die nach den *Möglichkeiten der medizinischen Betreuung* durch Hausärztinnen und Hausärzte sowie durch eine ambulante Pflege. Da diese Angebote heute in den meisten größeren Städten bestehen, ergeben sich in dieser Hinsicht im Allgemeinen keine Probleme.

Eine Alters-WG bietet eine Reihe von *Vorteilen*:

Sie ist eine Wohnform, die eine *Zwischenstufe* zwischen dem Alleinleben und dem Eintritt in ein Alten- oder Pflegeheim darstellt. Im oben geschilderten Beispiel fühlen sich die sechs Bewohnerinnen und Bewohner im Alter zwischen 70 und 79 Jahren noch zu jung für den Eintritt in ein Heim, spüren aber zugleich, dass das Alleinleben ihnen zunehmend beschwerlicher wird und auch die Gefahr einer Vereinsamung mit sich bringt.

In dieser Situation bietet die Alters-WG die geradezu ideale Möglichkeit, sich *gegenseitig zu unterstützen*, indem die zu erledigenden Aufgaben im Haus je nach Kräften und Fähigkeiten der Einzelnen unter den Bewohnern aufgeteilt werden und das Zusammenleben eine Fülle von *Kontaktmöglichkeiten* bietet. Dabei muss allerdings, wie es die Bewohner der »Lukas-WG« tun, darauf geachtet werden, dass die Einzelnen auch weiterhin ihr *individuelles Leben führen* können und kein Druck entsteht, alles in und mit der WG-Gruppe tun zu müssen.

Ein großer Gewinn des Lebens in einer WG älterer Menschen ist die *Herausforderung*, die das Zusammenleben mit anderen Menschen prinzipiell darstellt. Die Bewohnerinnen und Bewohner konfrontieren sich bei aller Ähnlichkeit hinsichtlich der Altersstufe und trotz der Verbundenheit dadurch, dass sie miteinander befreundet sind, mit unterschiedlichen Lebensstilen, Gewohnheiten und Einstellungen. Ein befriedigendes Zusammenleben ist nur bei ausreichender Toleranz und der Bereitschaft möglich, sich in das Gegenüber einzufühlen. Dies bedeutet, dass sich die Mitglieder der Alters-WG mit den unterschiedlichen Einstellungen auseinandersetzen müssen, und dies wiederum hält sie *flexibel und stärkt ihre Anpassungsfähigkeit.*

Das Problem älterer Menschen, die sich von sozialen Kontakten weitgehend zurückziehen, liegt nicht nur in der daraus resultierenden Vereinsamung, sondern auch darin, dass sie sich solchen Herausforderungen entziehen und innerlich geradezu versteinern. Auf diese Weise kann es auch im psychischen Bereich zu einer Inaktivitätsatrophie kommen, wie wir sie körperlich beispielsweise im Hinblick auf Muskelpartien finden, die nicht geübt werden. Wie der Begriff »Atrophie« ausdrückt, können auch psychische Funktionen verkümmern, wenn sie nicht eingesetzt und geübt werden.

Sich mitmenschlichen Kontakten mit den darin liegenden Herausforderungen zu entziehen, führt zu einer zunehmenden Verengung der Wahrnehmung und der Einstellungen gegenüber der Umwelt, weil die Korrektur durch die Konfrontation mit anderen Ansichten fehlt. Wenn ältere Menschen mitunter als »unflexibel« und »engstirnig« bezeichnet werden, ist dies kein durch das Alter bedingtes Merkmal, sondern die Konsequenz der beschriebenen Entwöhnung von der sozialen Realität infolge des sozialen Rückzugs. Insofern stellt das Leben in einer Alters-WG eine wirkungsvolle und konstruktive Maßnahme gegen eine derartige Entwicklung dar.

Das Zusammenleben in einer WG *wirkt auch der Angst entgegen,* unter der nicht wenige ältere Menschen, die allein in einer Wohnung leben, leiden: nämlich der Angst, ihnen könne etwas zustoßen, und sie seien nicht in der Lage, Hilfe herbeizurufen. Es ist immer wieder beeindruckend zu sehen, dass diese Ängste bei solchen Betagten, wenn sie anläßlich von Besuchen bei anderen Menschen wohnen oder ins Heim eintreten, schlagartig verschwinden. Die Erklärung liegt darin, dass die Nähe anderer Menschen ihnen die *Sicherheit* gibt, *unmittelbar Hilfe zu erhalten*, wenn irgendwelche schwereren gesundheitlichen Beeinträchtigungen aufträten. Das Zusammenleben mit anderen Menschen bietet in solchen Situationen ein wirksames Gegengewicht gegen Angst und Hilflosigkeit.

Es ist in diesem Zusammenhang zu berücksichtigen, dass durch das Leben in einer Alters-WG auch *Angehörige entlastet* werden, die bei Alleinlebenden oft mindestens einmal täglich anrufen oder kurz vorbeigehen müssen, um sich selbst und ihre betagten Angehörigen zu beruhigen, dass »alles in Ordnung ist«. Beim Leben in einer Alters-WG sind derartige Kontrollanrufe und -besuche nicht mehr nötig, da ja etliche andere Menschen in der Nähe sind, die im Fall irgendwelcher Probleme sofort zur Stelle sind und Ärzte und Angehörige informieren können.

Viele Betagte könnten nicht mehr in ihren Wohnungen leben, wenn sie nicht, zum Teil sehr engmaschig, von ihren Töchtern und Schwiegertöchtern betreut würden (Söhne und Schwiegersöhne übernehmen dabei selten eine aktive Rolle). Diese Frauen geraten dadurch leicht in eine »Sandwich-Position« mit der daraus resultierenden Überlastung zwischen den Aufgaben in ihrer eigenen Familie und der Betreuung der betagten Angehörigen (vgl. S. 120 f.). Die Alters-WG bietet hier eine Entlastung, indem die Bewohnerinnen und Bewohner sich gegenseitig unterstützen und die von ihnen selbst nicht zu leistende Betreuung an Professionelle (Haushaltshilfe, Ärzte, ambulante Dienste) delegieren.

Außerdem darf nicht übersehen werden, dass viele Besuche und Anrufe von Angehörigen bei den allein in ihrer Wohnung lebenden Betagten den Zweck haben, der Vereinsamung der Älteren entgegenzuwirken, indem ihnen dadurch wenigstens ein Minimum an Kontaktmöglichkeiten angeboten wird. Durch die mitmenschlichen Kontakte, die in der Alters-WG selbstverständlich bestehen und gepflegt werden, entfällt ein Stück weit die Notwendigkeit, dass Angehörige einen regelmäßigen, intensiven Kontakt bieten.

Dies bringt für beide Beteiligten, für die Betagten wie für die Angehörigen, einen *Zuwachs an Autonomie* und entkrampft oft auch die Beziehung zwischen ihnen, weil ein Besuch oder Telefonanruf der Angehörigen jetzt nicht erfolgt, weil er als einziger Kontakt zur Außenwelt von den Älteren gefordert wird oder weil die Angehörigen Angst haben, es könne etwas passiert sein, sondern der Anruf oder Besuch wird vielmehr »freiwillig« und unbeschwert durchgeführt.

Wie im Beispiel geschildert, hat die Bildung der »Lukas-WG« eine lebhafte, zum Teil ausgesprochen kontrovers geführte Diskussion im Bekanntenkreis der Bewohner ausgelöst. Dies ist eine häufig anzutreffende Reaktion, und auch die von den Skeptikern im Beispiel verwendeten Argumente sind typisch für derartige Diskussionen: Ältere Menschen seien nicht mehr anpassungsfähig genug, Angst vor den negativen Reaktionen der Umgebung, und ältere Menschen seien zu große Individualisten, um sich auf eine solche Wohnform einzulassen.

Wie in den beiden ersten Kapiteln dargestellt, entspricht die Ansicht, ältere Menschen seien nicht mehr anpassungsfähig, absolut nicht der Realität. Wenn sie sich den Herausforderungen der sozialen Realität stellen, bleiben sie bis ins höchste Alter anpassungsfähig. Wenn sie hingegen rigide werden und eine Einengung in ihrem Denken und in ihren Einstellungen zeigen, hat dies nichts mit dem Alter zu tun, sondern ist, wie oben dargestellt, Folge des sozialen Rückzugs. Insofern sind die erwähnten Befürchtungen, im Alter sei eine Wohnform wie die Bildung einer WG nicht möglich, Ausdruck eines Vorurteils und entsprechen nicht der Realität.

Eine unheilvolle Wirkung entfalten diese skeptischen Ansichten allerdings dergestalt, dass ältere Menschen diese Vorurteile übernehmen und verinnerlichen und schließlich selbst der Meinung sind, sie seien zu einer solchen Wohnform nicht mehr fähig. Hier kommt es darauf an, dass betagte Menschen die *eigenen Zweifel hinterfragen* und als das erkennen, was sie sind, nämlich verinnerlichte Vorurteile, die ihnen von der Umgebung suggeriert worden sind und die sie ungeprüft übernommen haben.

Etlichen Bekannten hat das Beispiel der »Lukas-WG« hingegen Mut gemacht, auch Alters-WGs zu gründen und auch nach *anderen alternativen Wohnformen* Ausschau zu halten. Drei solcher Möglichkeiten habe ich oben erwähnt: die Bildung einer kleinen WG für Hochbetagte, die den Haushalt nicht mehr selbstständig führen können und deshalb eine gemeinsame Haushaltshilfe anstellen und von Anfang an die ambulante medizinische Versorgung organisieren, eine zweite Alternative in Form einer generationenübergreifenden WG und das betreute Wohnen.

Für *hochbetagte Menschen*, die in der Versorgung auf Hilfe angewiesen sind, aber noch nicht unbedingt in einem Heim leben müssen, bietet sich eine *WG-Form* an, in der sie gemeinsam eine *Haushaltshilfe* engagieren und in der die *ambulante medizinische Versorgung* garantiert ist. Etliche im Alltag zu erledigende Arbeiten können sie je nach ihren körperlichen und geistigen Kräften unter sich aufteilen und erledigen. Im Übrigen gelten für diese Wohnform die gleichen Vorteile, wie ich sie oben bereits bei der Diskussion der »Lukas-WG« beschrieben habe.

Ähnlich ist es beim *betreuten Wohnen*. Nur können die älteren Menschen bei diesem Konzept in eine bereits bestehende Organisationsform eintreten und müssen die Hilfen im Haushalt und die medizinische Versorgung nicht selbst organisieren. Das betreute Wohnen erfolgt im Allgemeinen nicht in Form einer WG mit dem dafür charakteristischen engen Austausch der Bewohnerinnen und Bewohner. Meist leben die Betagten bei dieser Wohnform in einer *Alterssiedlung* in eigenen Wohnungen, haben aber gegenüber dem Leben in einer privaten Wohnung den Vorteil einer mehr oder weniger intensiven Betreuung. Dabei können das Ausmaß und die Form dieser Betreuung auf den Grad der Selbstständigkeit und der Fähigkeiten, über die die älteren Menschen noch verfügen, abgestimmt werden.

Eine andere interessante Variante ist eine *generationenübergreifende WG*. Sie hat den Vorteil, dass in ihr nicht nur Betagte, sondern zwei, oft auch drei Generationen zusammenleben und sich *gegenseitig unterstützen*. Hier erleben die Älteren sich nicht nur als die Hilfe Empfangenden, indem die Jüngeren manche körperlich schweren Arbeiten für sie erledigen. Sie sind vielmehr auch die Hilfe Leistenden, indem sie beispielsweise für die gemeinsamen Mahlzeiten kochen und die Kinder der Jüngeren beaufsichtigen. Es ist ein Mehr-Generationen-Haushalt, in dem die Älteren für die Jüngeren eine Eltern- und für deren Kinder eine Großeltern-Funktion erfüllen.

Dies ist im Grunde eine Wohnform, die der Mehrgenerationenfamilie, wie sie in vergangenen Epochen üblich war, entspricht. Es geht mir hier nicht um eine romantisierende Bewertung der Vergangenheit, in der das Zusammenleben in solchen Mehrgenerationenfamilien wegen der materiellen Abhängigkeit der älteren Generation von den Jüngeren zum Teil höchst konflikthaft war. In der generationenübergreifenden WG bestehen diese Abhängigkeiten jedoch nicht, und sie bietet die einzigartige Möglichkeit, dass die Themen, welche die verschiedenen Generationen beschäftigen, miteinander erlebt werden können und Gegenstand gemeinsamer Diskussionen sind.

Dies hebt die oft beklagten »Gräben« zwischen den Generationen (die in dieser Form im Allgemeinen eigentlich gar nicht bestehen) mindestens teilweise auf und fördert das gegenseitige Verständnis. Die Älteren erleben die Probleme, die die junge und die mittlere Generation beschäftigen, im Alltag mit, und die Jüngeren nehmen an der Lebenswelt der Betagten teil und bringen deshalb für vieles, was ihnen sonst vielleicht unverständlich bliebe, nun Verständnis auf.

Bei der Versorgung Betagter ist zu bedenken, dass es neben den geschilderten WG-Formen noch diverse andere Möglichkeiten der *Unterstützung bei der Erledigung der Alltagspflichten* gibt. So können sich beispielsweise ältere Menschen gegenseitig oder Jüngere können Ältere im Rahmen einer *Nachbarschaftshilfe* unterstützen. Diese Form der Hilfe greift nicht so tief wie der Eintritt in eine WG in das Leben der älteren Menschen ein, da die Wohnform unverändert bleibt und trotzdem Unterstützung garantiert ist. Hier ist es ähnlich wie bei der generationenübergreifenden WG: beide, Jüngere wie Ältere, sind sowohl Hilfe Leistende als auch Hilfe Empfangende. Vielfach entwickelt sich eine solche Nachbarschaftshilfe spontan. An manchen Orten sind aber auch Organisationen gebildet worden, deren Ziel die Vermittlung von Nachbarschaftshilfe ist.

Neben der gegenseitigen Unterstützung liegt der große Gewinn der Nachbarschaftshilfe zum einen – wie bei der generationenübergreifenden WG – in der Möglichkeit der *Förderung der Beziehungen zwischen den Generationen* und zum anderen darin, dass die private Wohnform beibehalten werden kann und dennoch die *Gefahr der Vereinsamung* der Betagten stark *reduziert* wird. Da die Nachbarschaftshilfe keine Kosten verursacht und ohne großen organisatorischen

Aufwand durchgeführt werden kann, scheinen mir gerade in dieser Form der gegenseitigen Unterstützung große Möglichkeiten zu liegen. Aus diesen Gründen sollten die Aktivitäten der Nachbarschaftshilfe unbedingt *weiter ausgebaut* werden, da hier ein *noch längst nicht ausgeschöpftes Potenzial* liegt.

Neue Liebesbeziehungen und Sexualität im Alter

Frau Wolf ist schon früh, im Alter von 41 Jahren, verwitwet. Ihr Mann war auf dem Fahrrad von einem Auto angefahren worden und war noch am Unfallort an seinen Verletzungen gestorben. Dieser plötzliche Tod war ein schrecklicher Schlag für Frau Wolf gewesen. Von einem Tag zum anderen hatte sie ihren geliebten Partner verloren und war mit ihren zwei Kindern, einem Sohn im Alter von 9 und einer Tochter von 11 Jahren, allein. Sie hatte Glück gehabt, dass sie schon bald wieder eine Stelle in ihrem Beruf als Lehrerin gefunden hatte und so den Lebensunterhalt für sich und die Kinder verdienen konnte.

Obwohl ihr anfangs das Alleinleben große Mühe bereitet hatte, war es für Frau Wolf während etlicher Jahre unvorstellbar gewesen, eine neue Partnerschaft einzugehen. Später hatte sie sich an das Alleinleben gewöhnt und es schließlich sogar geschätzt, weil sie, wie sie es auf Fragen ihrer Freundinnen formuliert hatte, ihr »eigener Herr« sei.

Vor einigen Monaten war Frau Wolf kurz nach ihrem 82. Geburtstag in das Altenheim »Abendsonne« eingetreten. Sie hatte den Namen dieser Institution zwar »unmöglich« gefunden. »Das klingt ja, als ob gleich Schluss ist. Ich möchte aber noch einige Zeit leben und diese Zeit auch genießen«, hatte sie ihren Kindern gesagt. Die Lage und Ausstattung des Heims hatten ihr aber sehr gefallen, und sie hatte sich deshalb dann doch für den Eintritt in die »Abendsonne« entschieden. Nun begann sie sich langsam in den Heimalltag einzuleben und lernte nach und nach die anderen Pensionäre kennen.

Es waren, wie in den meisten Heimen, überwiegend Frauen, die dort lebten. Auf dem Stockwerk von Frau Wolf wohnte als einziger Mann Herr Becker, ein 83-jähriger, früher als Ingenieur tätiger, körperlich noch rüstiger Mann. Da im Speisesaal am Tisch von Herrn Becker noch ein Platz frei war (später erfuhr Frau Wolf, dass kurz vor ihrem Eintritt ins Heim eine andere Frau, die dort gesessen hatte, gestorben war), wurde ihr dieser Platz zugewiesen. So trafen sich Frau Wolf und Herr Becker täglich bei den Mahlzeiten, und oft gingen sie nach dem Essen zusammen noch eine Viertelstunde durch den Park des Heims und plauderten miteinander. Im Verlauf der Zeit lernten sie sich besser kennen, sprachen miteinander über ihr bisheriges Leben und stellten fest, dass sie viele gemeinsame Interessen hatten.

Herr Becker hatte sich vor 15 Jahren von seiner damaligen Frau getrennt. »Wir hatten uns einfach auseinandergelebt und haben uns dann im gegenseitigen Einvernehmen scheiden lassen.« Der Sohn habe diese Entscheidung zwar nicht verstehen können und sei der Meinung gewesen, die Eltern hätten ihre »letzten Lebensjahre« doch zusammenbleiben sollen, jeder hätte ja sein eigenes Leben führen können. Doch, so hatte er schließlich gemeint, gehe ihn das Ganze ja wenig an, es sei Sache der Eltern, ob sie ihre Ehe weiterführen oder auflösen wollten. Frau Becker war einige Jahre später an einem Krebsleiden gestorben.

Etliche Jahre hatte Herr Becker sich allein versorgt und war mit seiner Situation als »Single« gut zurechtgekommen. Er hatte einen großen Bekanntenkreis und pflegte intensive Kontakte zu seinem Sohn und dessen Frau und den Enkelkindern, die jetzt auch schon erwachsen waren. Außerdem hatte er etliche Hobbys. Er hatte mit Begeisterung seinen Schrebergarten bewirtschaftet, hatte jedes Jahr eine »Bildungsreise« unternommen und auf diese Weise die Sehenswürdigkeiten in Griechenland, Italien und Ägypten kennengelernt, hatte in seiner Heimatstadt regelmäßig an botanischen Exkursionen teilgenommen und sich in Volkshochschulkursen und bei Veranstaltungen der Seniorenuniversität mit Literatur, Film und den verschiedensten Themen der Gegenwart auseinandergesetzt.

So fehlte es Herrn Becker und Frau Wolf nie an Gesprächsstoff, und sie gingen schon bald dazu über, sich gegenseitig in ihren Zimmern zu besuchen, am Abend bei einem Glas Wein miteinander zu plaudern und gemeinsam Filme im Fernsehen anzuschauen. So entstand eine zunehmend größer werdende Vertrautheit zwischen den beiden Betagten, und sie genossen es, die Zeit miteinander zu verbringen. Wie wichtig ihnen die Stunden des Zusammenseins waren, spürten sie besonders deutlich, wenn einer von ihnen einmal nicht da war. Frau Wolf besuchte von Zeit zu Zeit für einige Tage ihre Kinder, die in anderen Städten lebten, und Herr Becker verbrachte ab und zu den Abend bei seinem Sohn und dessen Familie.

Den Kindern der beiden – und auch den anderen Pensionären und dem Personal im Heim – war schon längst aufgefallen, dass Frau Wolf und Herr Becker viel Zeit miteinander verbrachten und ein »sehr persönliches Verhältnis miteinander« hatten, wie es die Heimleiterin, nicht ganz ohne kritischen Unterton, bei einer Personalbesprechung formulierte. Dies wurde spätestens in dem Moment klar, als die beiden zum »Du« übergingen, was unter den Pensionären sonst nicht üblich war, bei ihren Spaziergängen Arm in Arm anzutreffen waren und sich zur Begrüßung und Verabschiedung jeweils einen innigen Kuss gaben.

Der Sohn von Herrn Becker war der Erste, der den Vater direkt darauf ansprach und ihm die Frage stellte, wie er zu Frau Wolf stehe. Herr Becker entgegnete, er habe sich schon lange gewundert, dass bisher niemand diese Frage gestellt habe, obwohl sie offensichtlich viele Menschen in ihrer Umgebung beschäftige. Die Antwort sei, dass sie sich ineinander verliebt hätten. »Ja, so etwas gibt es auch im Alter!«, fügte er schmunzelnd hinzu. »Gott sei Dank! Das bringt eine Menge Sonnenschein in unser Leben.«

Der Sohn und die Schwiegertochter waren erstaunt über diese Antwort, war es doch sonst nicht die Art von Herrn Becker, so offen über seine Gefühle zu sprechen. Außerdem hatte er nach der Scheidung keine Beziehung zu einer Frau aufgenommen, obwohl es in seinem Bekanntenkreis durchaus Frauen gegeben hatte, die ihr Interesse an ihm bekundet hatten. Wann immer das Gespräch darauf gekommen war, hatte sein lapidarer Kommentar gelautet: »Ich komme bestens allein klar. Auf solche Experimente lasse ich mich im Alter nicht mehr ein.« Auch wenn der Sohn und die Schwiegertochter es, wenn sie ehrlich waren, befremdlich fanden, dass der 85-jährige Mann davon sprach, in eine 82-jährige Frau verliebt zu sein, freute es sie, dass ihm das offensichtlich guttat, und sie gingen davon aus, dass die Gefühle des »zweiten Frühlings«, wie sie seinen Zustand etwas spöttisch nannten, sich bald wieder verflüchtigen würden. »So erlebt er mal für ein paar Monate etwas Schönes«, war schließlich ihr Kommentar.

Auch die Kinder von Frau Wolf nahmen die immer enger werdende Beziehung ihrer Mutter zu Herrn Becker wahr, obwohl sie diese Tatsache lange Zeit zu leugnen versuchten. Erst die Heimleiterin konfrontierte sie mit diesem »Problem«, wie sie sich ausdrückte, indem sie sagte, sie fühle sich als Leiterin verpflichtet, die Kinder zu fragen, was sie von dieser »Situation« hielten.

Die Tochter war der Ansicht, man solle »aus einer Mücke keinen Elefanten machen«, so ein kleiner Flirt bedeute doch nicht viel. Außerdem sei ihre Mutter erwachsen und könne selbst entscheiden, was sie tue. Der Sohn hingegen war empört und fand, er beginne an der »Zurechnungsfähigkeit« seiner Mutter zu zweifeln. »So etwas ist doch geschmacklos! Sie war immer eine vernünftige Frau. Das sind doch jetzt eindeutige Zeichen von beginnender Verblödung. Sie macht sich ja zum Gespött der Umgebung.« Der Mutter gegenüber formulierte er seine Kritik zwar nicht ganz so abwertend, machte aber kein Hehl aus seiner ablehnenden Haltung, während seine Schwester ihn zu beschwichtigen und die Bedeutung der Situation herunterzuspielen versuchte.

Die Heimleiterin stand der zunehmend enger werdenden Beziehung der beiden Pensionäre im Grunde nicht ablehnend gegenüber. Sie verhielt sich aber abwartend-distanziert und äußerte sich, wenn das Gespräch mit dem Personal darauf kam, und in Diskussionen mit den Angehörigen von Frau Wolf und Herrn Becker eher kritisch, weil sie um das »Image« des Heims fürchtete. »Ich möchte nicht, dass uns von den Angehörigen am Ende vorgeworfen wird, wir verkuppelten hier Pensionäre«, gestand sie einmal dem Leiter des Pflegedienstes.

Auch unter den Pensionären war die Beziehung zwischen Frau Wolf und Herrn Becker immer wieder Thema. Negative Kommentare gab es von ihrer Seite jedoch nicht. Die meisten freuten sich mit den beiden, manche beneideten sie um das Glück, im Alter noch »so etwas zu erleben«.

Wie eine Bombe schlug beim Sohn von Herrn Becker und den Kindern von Frau Wolf, insbesondere bei ihrem Sohn, die Mitteilung der beiden Pensionäre ein, sie würden heiraten. Nun fand auch die Tochter von Frau Wolf, die die Beziehung ihrer Mutter zu Herrn Becker bisher nicht so ernst genommen hatte, jetzt sei es aber doch »genug«. Ihr Bruder äußerte sich nun der Mutter gegenüber unverhohlen entwertend und beschimpfte sie als »total übergeschnappt« und »senil«. Einzig der Sohn von Herrn Becker nahm zur Entscheidung seines Vaters positiv Stellung. Sein Kommentar zur Ankündigung der Eheschließung lautete: »Es sind zwei erwachsene Menschen, und es ist allein ihre Sache, was sie tun. Ich freue mich mit ihnen, dass sie sich gefunden haben und die letzten Jahre ihres Lebens glücklich miteinander verbringen können.«

Auch im Heim warf die Ankündigung der Heirat von Frau Wolf und Herrn Becker hohe Wellen und war wochenlang *das* Thema. Die anderen Pensionäre waren begeistert über die Aussicht, nun im Heim sogar noch eine Hochzeit feiern zu können, und nannten Frau Wolf und Herrn Becker bald nur noch ihr »junges Paar«. Auch das Personal stand der Beziehung der beiden Pensionäre positiv gegenüber.

Einzig die Heimleiterin zeigte nach wie vor eine kritisch-abwartende Haltung. Einerseits freute auch sie sich mit den beiden über die sie ganz offensichtlich beglückende Beziehung. Andererseits war ihr in Anbetracht der heftigen negativen Reaktionen der Kinder von Frau Wolf absolut nicht wohl und sie fürchtete mehr denn je, dass die Angehörigen heftige Vorwürfe auch gegen sie richten würden.

Bei entsprechenden Äußerungen des Sohnes von Frau Wolf, der sich empört an sie als Leiterin des Heims und als »für das Wohlergehen der Pensionäre Verantwortliche« wendete, äußerte sie zwar ihr Verständnis für seine Gefühle, vertrat dann aber doch die zwar vorsichtig formulierte, aber eindeutige Ansicht, es gebe keinen Anlass, an der Urteilsfähigkeit der beiden Pensionäre zu zweifeln. Sie habe deshalb keinen Grund, und auch kein Recht, irgendetwas gegen die Eheschließung zu unternehmen. Dennoch war ihr bei der ganzen Sache nicht wohl, und sie fürchtete nach wie vor, das Image des Heims könne darunter leiden.

An der standesamtlichen Trauung nahmen von den Familienangehörigen der Sohn von Herrn Becker und dessen Familie und die Enkelkinder von Frau Wolf, nicht aber ihre Tochter und ihr Sohn teil. Aus dem Heim kamen einige Pensionäre und als Vertreterin des Personals die Heimleiterin.

Der Sohn und die Tochter von Frau Wolf brachen den Kontakt zur Mutter während fast eines Jahres total ab, obwohl ihre Kinder sie immer wieder darauf hinwiesen, welch einen glücklichen Eindruck die Großmutter mache, seit sie Herrn Becker kennengelernt habe. Die Tochter besuchte die

Mutter erst wieder anlässlich des 84. Geburtstags, doch blieb es auch in der Zukunft bei spärlichen Kontakten. Der Sohn weigerte sich beharrlich, die Mutter zu besuchen. Er wolle mit ihr und »diesem Typ, der sich an sie herangemacht hat«, nichts zu tun haben.

Die geschilderte Beziehung, die sich im Altenheim zwischen Frau Wolf und Herrn Becker entwickelt und schließlich zur Eheschließung geführt hat, ist zugegebenermaßen nicht alltäglich. In Heimen entstehen zwischen den Pensionären im Allgemeinen lediglich eher weniger tiefgehende freundschaftliche Beziehungen. Zumeist beschränken sich die Kontakte auf das Zusammensein bei den Mahlzeiten und auf gelegentliche Gespräche bei zufälligen Treffen auf dem Flur und bei den verschiedenen Veranstaltungen, die das Heim anbietet. Liebesbeziehungen hingegen sind selten, und Eheschließungen stellen zweifellos die Ausnahme dar. Doch zeigt sich an dem Beispiel von Frau Wolf und Herrn Becker in eindrücklicher Weise, wie die Umgebung auf solche im höheren Alter sich entwickelnden Liebesbeziehungen reagiert.

Zunächst ist festzustellen, dass Liebesbeziehungen im höheren Alter ein *Tabuthema* sind. Möglicherweise sind sie gar nicht so selten, wie das Umfeld sie wahrnimmt, und werden von Angehörigen wie vom Personal entweder total ausgeblendet oder in bagatellisierender Weise als »kleiner Flirt« bezeichnet, der – als ob es sich um eine Krankheit oder eine Augenblickslaune handle – »sicher bald wieder vergeht«.

Beispielhaft für diese Reaktionsform ist die Art, wie Herrn Beckers Sohn und seine Frau sowie Frau Wolfs Tochter sich anfangs äußern. Ausgesprochen entwertend sind

Charakterisierungen solcher Beziehungen und der Gefühle der Betagten, wenn sie als »zweiter Frühling« bezeichnet werden. Und in höchstem Maße verletzend sind schließlich Kommentare, wie die des Sohnes von Frau Wolf, wenn er von seiner Mutter als »verrückt«, »senil« und »unzurechnungsfähig« spricht.

In Anbetracht des Bestrebens der Umgebung, die Tatsache einer Liebesbeziehung von Betagten so lange wie möglich auszublenden und in ihrer Bedeutung herunterzuspielen, ist es nicht verwunderlich, dass sie für die Kinder von Frau Wolf erst in dem Moment zum Thema wird, als die Heimleiterin ihnen ihre diesbezüglichen Beobachtungen mitteilt.

In vergleichbaren Fällen reagiert ein Teil der Angehörigen sofort und unverblümt negativ darauf. Für andere ist typisch, dass sie sich oft über längere Zeit hin geradezu krampfhaft darum bemühen, die Realität der Liebesbeziehung, die ihre Eltern im höheren Alter eingehen, auszublenden und sie erst wahrnehmen, wenn es ihnen von den Betagten selbst oder von privaten oder professionellen Bezugspersonen unmöglich gemacht wird, weiterhin die Augen davor zu verschließen. Leider fallen die Reaktionen dann häufig ähnlich negativ aus wie die des Sohnes von Frau Wolf. Dies gilt in ganz besonderem Maße, wenn die Betagten ihre Liebesbeziehung nicht verstecken, sondern offen leben und sie sogar durch eine Eheschließung bekräftigen. Dann kommt es nicht selten zu einer ausgesprochen entwertenden, die Betagten tief kränkenden Ablehnung, die, wie beim Sohn von Frau Wolf, sogar bis zum totalen Abbruch der Beziehung zu den betagten Eltern führen kann.

Es ist tröstlich, dass wir neben solchen negativen Reaktionen aber auch durchaus positive Einstellungen in Bezug auf das Thema »Liebesbeziehungen im höheren Alter« finden. Die Enkelkinder von Frau Wolf stellen ein Beispiel für diese

Haltung dar. Sie haben offensichtlich kein Problem mit der Entscheidung der Großmutter, Herrn Becker zu heiraten, und, wie geschildert, versuchen sie – leider vergeblich – beim Vater Verständnis zu wecken und ihn zum Einlenken zu bewegen.

Eine nochmals andere Reaktion zeigen der Sohn von Herrn Becker und die Tochter von Frau Wolf. Sie stehen der Intensivierung der Beziehung der beiden Pensionäre zunächst eher skeptisch und distanziert gegenüber und bagatellisieren die Bedeutung dieser Gefühle. Im Verlauf der weiteren Entwicklung beginnen sie aber die Ernsthaftigkeit der Gefühle, die Frau Wolf und Herr Becker füreinander empfinden, wahrzunehmen und zu respektieren. Bei diesem Prozess ist es im Allgemeinen hilfreich, wenn sich die Bezugspersonen vor Augen halten oder wenn sie von anderen darauf hingewiesen werden, dass die Menschen im höheren Alter ihr Leben selbstständig und selbstverantwortlich führen und dass es niemandem, auch nicht den Kindern, zusteht, ihnen das Recht abzusprechen, Liebesbeziehungen einzugehen, Sexualität zu leben und Ehen zu schließen.

Die einzige Ausnahme bilden schwere, durch hirnorganische Abbauprozesse bedingte Beeinträchtigungen der Urteilsfähigkeit. Solche Störungen können jedoch nicht von den Angehörigen diagnostiziert werden, sondern erfordern eine differenzierte Abklärung durch Fachleute und würden unter Umständen vormundschaftliche Maßnahmen nach sich ziehen. Dies ist jedoch bei Menschen wie Frau Wolf und Herrn Becker absolut nicht der Fall, und es ist deshalb eine bösartige Unterstellung des Sohnes von Frau Wolf, wenn er ihre Entscheidung, die Ehe mit Herrn Becker einzugehen, als Ausdruck von »Senilität« und »Unzurechnungsfähigkeit« bezeichnet.

Bei einer von vornherein bestehenden oder sich im Verlauf der Zeit entwickelnden positiven Einstellung gegenüber Liebesbeziehungen im höheren Alter ist im Allgemeinen zu beobachten, dass die Bezugspersonen sich mit den Betagten zusammen darüber *freuen*, dass sie die Erfahrung von Liebesgefühlen und des Eingehens einer intimen Beziehung im Alter noch erleben dürfen. Die anderen Pensionäre im Heim, aber auch der Sohn von Herrn Becker und die Enkelkinder von Frau Wolf sind Beispiele dafür. Sie freuen sich mit den beiden und nehmen intensiv Anteil an ihrem Glück.

Zugleich zollt die Umgebung den Betagten häufig auch ihren *Respekt* und ihre *Bewunderung*, dass diese sich durch die in unserer Gesellschaft und in unserer Zeit weitverbreitete negative Einstellung zu Liebesbeziehungen im höheren Alter nicht beirren lassen und konsequent ihren Gefühlen folgen, selbst wenn sie dies mit dem Abbruch von ihnen wichtigen Beziehungen bezahlen müssen, wie Frau Wolf es in Bezug auf ihren Sohn schmerzlich erlebt.

Letztlich zeugt die Tatsache, dass betagte Menschen sich verlieben und neue, intensive, auch intime, Beziehungen eingehen, davon, dass sie, unabhängig von ihrem kalendarischen Alter, nach wie vor emotional ansprechbar und berührbar sind und sich auf das Wagnis einer tieferen Begegnung einlassen. Dies ist ein positives Zeichen und könnte die Umgebung auf die wichtige Tatsache hinweisen, dass der Mensch als soziales Lebewesen auf Beziehungen angelegt ist und diese bis ins höchste Alter aufnehmen und pflegen kann, ja, dass Beziehungen generell eine unabdingbare Voraussetzung für das Wohlergehen des Menschen sind. Um wie viel wichtiger und bereichernder ist es, wenn es nicht nur Kontakte zu den im Heim Arbeitenden und zu Angehörigen, sondern von starken Gefühlen begleitete Liebesbeziehungen sind.

Außerdem sollte die Umgebung eine Liebesbeziehung, die ältere Menschen eingehen, als *positives Zeichen* dafür werten, dass die Betagten am sozialen Leben teilnehmen und sich emotional engagieren. Liebe ist eines der tiefsten Gefühle und bringt, wie Herr Becker es treffend formuliert,

»eine Menge Sonnenschein« in das Leben der beiden Pensionäre. Dass sie sich ineinander verlieben, zeigt, dass sie sich nicht vom aktiven Leben abkoppeln und sich von der Welt verabschieden, wie der von Frau Wolf wohl zu Recht kritisierte Name des Heims »Abendsonne« es suggeriert. Menschen, die sich auch im Alter auf eine Liebesbeziehung einlassen, nehmen nicht nur am Leben teil, sondern *leben*, wie das geschilderte Beispiel zeigt, dadurch *auf* und erleben damit etwas, das ihnen jahre-, womöglich jahrzehntelang aus den verschiedensten Gründen verwehrt oder nicht möglich war.

Oft nehmen vor allem verwitwete und geschiedene Frauen aus Rücksicht auf die Kinder keine neue Beziehung zu einem Mann auf oder sind, selbst Jahre nach der Trennung vom ehemaligen Partner, innerlich noch nicht frei für eine neue Beziehung. In diesem Fall kann gerade das höhere Alter, in dem viele sie früher hemmende Faktoren wegfallen und sie sich der Frage gegenübersehen, wie sie die ihnen noch verbleibende Zeit gestalten wollen, einen Raum bieten, in dem intensive Gefühle entstehen können. Deshalb werden solche im Alter eingegangenen Beziehungen von den Beteiligten auch als so beglückend erlebt und verdienen unbedingten Respekt der Umgebung.

Die Heimleiterin zeigt eine bei Professionellen, die in der Betreuung von Betagten tätig sind, nicht selten anzutreffende Reaktion. Auf der einen Seite haben diese Professionellen Verständnis für die Pensionäre und freuen sich mit ihnen, wenn diese sich anfreunden und auch Liebesbeziehungen eingehen. Auf der anderen Seite fühlen sie sich als Repräsentanten des Heims, insbesondere wenn sie eine Führungsposition innehaben, für das Image ihrer Institution verantwortlich und möchten vermeiden, dass bei den Angehörigen der Pensionäre und allgemein in der Öffentlichkeit ein negativer Eindruck entsteht.

Es sagt indes viel über die Haltung gegenüber Liebesbeziehungen, die im höheren Alter aufgenommen werden, aus, wenn die Tatsache, dass zwei Betagte wie Frau Wolf und Herr Becker eine Beziehung eingehen, als Gefahr für das »Image« eines Heims empfunden wird. Je aufgeschlossener und selbstbewusster die Professionellen sind, desto mehr können sie sich von solchen negativen Einstellungen distanzieren und sich selbst gegen Vorwürfe, wie der Sohn von Frau Wolf sie gegen die Heimleiterin richtet, behaupten.

Die Heimleiterin im dargestellten Beispiel nimmt diesbezüglich eine zwiespältige Haltung ein. Sie persönlich hat offensichtlich kein Problem mit der Entscheidung der beiden Pensionäre, eine Ehe zu schließen. In ihrer »offiziellen« Funktion als Heimleiterin ist sie jedoch zurückhaltend, ihre persönliche Meinung gerade gegenüber dem Sohn von Frau Wolf offen zu äußern. Sie signalisiert Verständnis für seine Gefühle, weist aber – glücklicherweise – schließlich doch mit Nachdruck darauf hin, dass die Pensionäre selbstständig und selbstverantwortlich lebende Erwachsene seien, denen niemand das Recht absprechen dürfe, ihre Beziehungen so zu gestalten, wie es ihren Gefühlen entspreche und wie sie es für richtig hielten.

Für die Zukunft erscheint es mir von großer Bedeutung, dass solche positiven Haltungen noch wesentlich größere Verbreitung finden. Gerade unter den Professionellen sollte es selbstverständlich sein, dass Freundschaften und Liebesbeziehungen in jedem Alter eingegangen werden können. Diese Beziehungen sollten von den Professionellen geschützt werden. Ihre Aufgabe wäre es dann auch, ihr Möglichstes dafür zu tun, dass Angehörige, die negativ reagieren, ihre Haltung ändern und den Schritt zu echter Akzeptanz zu tun vermögen. In diesem Prozess käme den Professionellen auch die besondere Aufgabe zu, die Betagten, die unter der Ablehnung durch ihre Angehörigen leiden, emotional zu unterstützen und sie in ihrer Selbstständigkeit und in ihrem Recht auf Selbstbestimmung zu stärken.

Angesichts der zum Teil massiven Entwertung und Ablehnung von Liebesbeziehungen, die im höheren Lebensalter eingegangen werden, stellt sich die Frage, welches die Gründe dafür sind. Die Heftigkeit, mit der vor allem Angehörige der Betagten reagieren, weist darauf hin, dass wir es mit tiefliegenden emotionalen, zum Teil völlig irrationalen Gründen zu tun haben. Im Allgemeinen ist es kein einzelnes Motiv, sondern ein *Bündel verschiedener Ursachen*, die zusammenwirken und sich mitunter gegenseitig hochschaukeln. Deren Resultat ist dann die vehemente Ablehnung der im höheren Alter eingegangenen Liebesbeziehungen und Ehen.

Ein erstes Motiv ist auf die *Rolle* zurückzuführen, die ältere Menschen in unserer Gesellschaft und in unserer Epoche einnehmen. Obwohl in den mitteleuropäischen Ländern inzwischen fast ein Viertel der Bevölkerung Menschen über 65 Jahre sind, haben sie gesellschaftlich *keinen hohen Status* und werden vielfach als Menschen angesehen, die mehr oder weniger *unselbstständig* sind und für die, je älter sie werden, Angehörige und Professionelle sorgen müssen. Damit ist oft die Vorstellung verbunden, Betagte seien nicht mehr in der Lage, Entscheidungen selbst zu treffen, sondern bedürften dabei des Rats und bei wichtigen Entscheidungen sogar des direkten Eingreifens der Angehörigen.

Aus dieser Einstellung heraus erscheint es Angehörigen mitunter geradezu unverantwortlich, betagten Menschen das Eingehen von Liebesbeziehungen zu »gestatten«, vor allem wenn diese Beziehungen, wie im Fall der Eheschließung, rechtliche Konsequenzen haben. Angehörige leiten daraus die Berechtigung ab, den Betagten solche Beziehungen zu »verbieten«. Sie haben in diesem Fall nicht einmal das Gefühl einer unzulässigen Bevormundung, sondern sehen es geradezu als ihre Pflicht an, die ihrer Ansicht nach »nicht mehr urteilsfähigen« Menschen im höheren Lebensalter davor zu »schützen«, in ihr »Elend zu rennen« und sich durch das Eingehen einer Ehe in Schwierigkeiten zu bringen.

Bei einer kritischen Betrachtung dieser Argumentation und des sich daraus ableitenden Verhaltens von Angehörigen ist zu sagen, dass es sich hier eindeutig um eine *Grenzverletzung des Selbstbestimmungsrechts* älterer Menschen handelt. Solange sie nicht durch schwerwiegende hirnorganische Abbauprozesse urteilsunfähig sind, hat niemand das Recht, ihnen wie auch immer geartete Vorschriften zu machen, und zwar erst recht dann nicht, wenn es um den Gefühlsbereich und um Beziehungen geht.

Jüngere Menschen, selbst Jugendliche, nehmen für sich, mit Recht, in Anspruch – und ihnen wird dieses Recht auch zugestanden –, selbst entscheiden zu wollen, ob sie Liebesbeziehungen eingehen und mit welcher Partnerin oder welchem Partner diese Beziehung gepflegt wird. Umso erstaunlicher und erschreckender ist es, dass dieses Recht älteren Menschen nicht zugestanden wird und sie sich oft selbst schon des Wunsches, »so etwas noch einmal zu erleben«, schämen. Im Allgemeinen sprechen sie deshalb nicht über dieses Thema. Es wird höchstens indirekt und dadurch für das Umfeld zumeist nicht erkennbar angesprochen, indem ältere Menschen auf ihre Einsamkeit verweisen und beklagen, dass frühere Partnerinnen oder Partner nicht mehr bei ihnen sind.

Selbst in Psychotherapien mit Betagten wird dieses Thema von ihnen selbst nur äußerst selten angesprochen. Mitunter kommt das Gespräch eher beiläufig auf Liebesbeziehungen im Alter, wenn sich eine ältere Person im Umfeld der Betagten verliebt hat oder das Thema im Familien- oder Bekanntenkreis diskutiert worden ist. Zögernd und von Scham begleitet, wird dann die oft geradezu suggestiv formulierte Frage an den Therapeuten gerichtet, ob er nicht auch der Ansicht sei, dass »so etwas« doch nicht gehe, oder die noch abwertendere Charakterisierung verwendet, Liebesbeziehungen im Alter seien doch »geschmacklos« und »pervers«, Argumente, die im geschilderten Beispiel der Sohn von Frau Wolf formuliert.

In derartigen Formulierungen spiegelt sich zum einen die negative Bewertung von Liebesbeziehungen im Alter wider, wie sie in der Gesellschaft weit verbreitet ist und von den älteren Menschen verinnerlicht worden ist, so dass sie schließlich selbst dieser Ansicht sind. Zum anderen ist in der suggestiven, negativen Formulierung aber wohl auch die Anfrage an den Therapeuten enthalten, ob diese negative Sicht tatsächlich richtig sei, d. h. ob sie sich als ältere Menschen solcher Gefühle wirklich schämen müssten oder ob es »normal« sei, Liebesgefühle auch im Alter zu erleben.

Hier bietet sich die große Chance, dass von Seiten des Therapeuten – aber auch von anderen Professionellen oder von Angehörigen – die negative Sicht der älteren Menschen korrigiert werden kann. Es ist beeindruckend zu erleben, dass eine positive Stellungnahme von außen das Selbstbewusstsein der Betagten enorm stärkt und sie dann häufig sehr offen über ihre Wünsche und Gefühle sprechen. Allein die Tatsache, von einer anderen Person zu hören, dass Liebesgefühle in jedem Alter »normal« und Zeichen von seelischer Lebendigkeit und Offenheit sind, wirkt im Allgemeinen auf die Betagten enorm entlastend und gibt ihnen die Möglichkeit, sich mit diesem in jeder Lebensphase, aber gerade auch im Alter, das von vielen Abschieden geprägt ist (vgl. S. 141 ff.), sehr wichtigen Thema auseinanderzusetzen.

Das Argument, man könne die Betagten doch nicht »in ihr Elend rennen lassen« und müsse sie »schützen«, weist auf ein zweites Motiv für die Ablehnung von Liebesbeziehungen älterer Menschen hin. Hier geht es um die *materiellen Interessen von Angehörigen*, die sich schon als »lachende Erben« sahen und sich durch die Eheschließung ihrer Mutter oder ihres Vaters mit einem neuen Partner oder einer neuen Partnerin nun plötzlich mit der sie beunruhigenden und sie zutiefst verärgernden Tatsache konfrontiert sehen, dass das Erbe in »fremde Kanäle« fließen wird.

In Diskussionen mit Angehörigen wird dieses Argument in der Regel nicht direkt genannt, sei es, weil es den Angehörigen gar nicht bewusst ist, sei es, weil es ihnen peinlich ist zuzugeben, dass ihre vehemente Ablehnung der Liebesbeziehung, die ihr betagter Angehöriger eingeht, finanzielle Gründe hat. Doch deuten die Argumente, man müsse die Betagten »schützen« und dürfe sie nicht »in ihr Elend rennen lassen«, darauf hin, dass die Angehörigen sich Sorgen um die materielle Situation machen. Die genaue Analyse der Situation zeigt aber, dass es in diesem Fall letztlich nicht um die Sorge um die Betagten geht, sondern um die *Sorge der Angehörigen um sich selbst*, die sich um das von ihnen erwartete Erbe »betrogen« fühlen.

Auch in dieser Hinsicht stellen die Ablehnung der Liebesbeziehung und die vehemente Wendung gegen das Eingehen einer Ehe im Alter eine unzulässige *Grenzüberschreitung* und eine eindeutige *Verletzung des Selbstbestimmungsrechts* älterer Menschen dar. Es gibt für die ältere Generation keine Verpflichtung, im Alter möglichst kärglich zu leben, damit von ihrem Vermögen nach ihrem Tod so viel wie möglich ihren Kindern zufließen wird. Und die Kinder dürfen nicht wie selbstverständlich davon ausgehen, dass sie, abgesehen von ihren Pflichtteilen, nach dem Tod ihrer Eltern über das gesamte hinterlassene Vermögen verfügen können.

Auch wenn das materielle Argument noch nicht die tiefste Schicht der Gründe für die Ablehnung von Liebesbeziehungen im Alter trifft, betrifft es eine Dimension, deren Wirkung nicht unterschätzt werden darf. Die Tatsache, dass sie zumeist nicht direkt benannt, sondern mit verschiedenen Umschreibungen nur angedeutet und höchstens in Gestalt der Sorge um die Eltern formuliert wird, zeigt, dass es ein den Angehörigen mehr oder weniger unbewusstes, ihnen peinliches Motiv ist. Gerade solche rational wenig bis gar nicht zugänglichen Motive erweisen sich im Allgemeinen als schwer auflösbar, es sei denn, sie würden direkt angesprochen und mit den Betreffenden geklärt. Dies kann von den Betagten selbst, aber auch von unvoreingenommenen Angehörigen oder Freundinnen und Freunden getan werden und bringt mitunter eine neue Dynamik in die sonst so festgefahrene Diskussion.

Ich habe oben erwähnt, dass es auch völlig irrationale Gründe sind, die zur Ablehnung von Liebesbeziehungen Betagter führen. Diese Argumente gruppieren sich um die Ansicht, es »gehöre« sich im Alter nicht mehr, *Sexualität zu leben*. Der Sohn von Frau Wolf hat dies mit seinem Vorwurf ausgedrückt, die Liebesbeziehung der Mutter sei »geschmacklos« und Zeichen von »Senilität«, und indem er Herrn Becker als »Typ, der sich an die Mutter herangemacht« habe, bezeichnet.

Sexualität im Alter ist eines der größten Tabuthemen in unserer Gesellschaft. Dies hat zur Folge, dass Menschen von 60, spätestens 70 Jahren sexuelle Bedürfnisse schlicht und einfach abgesprochen werden, obwohl die Forschung belegt, dass Wünsche nach Intimität und Sexualität lebenslang und bis ins höchste Alter bestehen und gelebt werden können. Umso erstaunlicher – und erschreckender – ist es, dass im Gegensatz zu diesen Forschungsbefunden in der Öffentlichkeit vielfach die Ansicht vertreten wird, Sexualität verschwinde gleichsam im höheren Alter, und wenn solche Bedürfnisse geäußert werden, seien sie Zeichen einer hirnorganisch bedingten Enthemmung, wie der Sohn von Frau Wolf es ausdrückt.

Das Schlimme an dieser weitverbreiteten Meinung ist nicht nur die negative Fremdeinschätzung, sondern die Tatsache, dass ältere Menschen diese Ansicht verinnerlichen und schließlich selbst ihre Bedürfnisse nach Intimität und

Sexualität als »abartig« empfinden und sich dieser Gefühle schämen.

Es ist ein aus der Sozialpsychologie bekannter Mechanismus, dass wir Menschen bei der Bildung unserer Selbstbilder in starkem Maße von den Vorstellungen unserer Umgebung beeinflusst werden. Wir verinnerlichen mit der Zeit die Bewertung unserer Umgebung bezüglich eines bestimmten Verhaltens oder bestimmter Gefühle und sind schließlich selbst davon überzeugt, diese Gefühle und Verhaltensweisen seien so, wie sie von der Umgebung definiert werden, selbst wenn solche Wertungen unseren wahren Gefühlen entgegenlaufen.

So erleben wir als Psychotherapeuten in Beratungen und Behandlungen älterer Menschen immer wieder, dass diese Klientinnen und Klienten mit größten Hemmungen und Schamgefühlen davon berichten, »noch solche« Bedürfnisse zu haben, die in ihrem Alter doch »völlig unangemessen« seien, wenn sie nicht sogar so weit gehen, sie als »pervers« zu bezeichnen. Hier sind die negativen Fremdbilder verinnerlicht worden und führen zu einer vehementen Ablehnung der eigenen Bedürfnisse, die in Wahrheit völlig legitim sind und auch im höheren Alter zu einem erfüllten Leben gehören. Wenn die Betagten selbst jedoch diese Bedürfnisse ablehnen, sind sie kaum in der Lage, sich gegen die Kritik ihrer Umgebung, wie Frau Wolf sie von Seiten ihres Sohnes erlebt, zu wehren. Insofern trifft sie die Ablehnung, die sie insbesondere von Angehörigen erleben, doppelt stark.

Gewiss verändern sich im höheren Alter gewisse physiologische Abläufe im Bereich der Sexualität. Dies betrifft nach neueren wissenschaftlichen Untersuchungen bei den *Frauen* eine geringere Gewebeelastizität, geringere Schleimhautsekretion und vor allem schwächere Erregungsmöglichkeiten. Außerdem dauert bei ihnen der Orgasmus im höheren Alter weniger lang, und die Zahl der Kontraktionen nimmt ab. Beim *Mann* kommt es im höheren Alter zu einer Verlangsamung der Erektion, zur Verringerung der Ausstoßung von Ejakulat und zu einer längeren Erregungsphase bis zum Orgasmus. Wie diese Befunde zeigen, sind es Veränderungen, die ein aktives Sexualleben auch im Alter nicht beeinträchtigen, sondern lediglich ein Stück weit verändern.

Die physiologischen Veränderungen stellen also kein Hindernis für die Erfüllung der sexuellen Bedürfnisse dar und können nicht als Begründung dafür angeführt werden, dass die Sexualität im Alter gleichsam zwangsläufig abnehme. Die Sexualität hängt auch nicht in erster Linie vom Gesundheitszustand der Betagten oder von den »Hormonen« ab, wie fälschlicherweise immer wieder angenommen wird. Ob die Bedürfnisse nach Intimität und Sexualität wahrgenommen und akzeptiert werden und wie sie gelebt werden, hängt vor allem von der *Qualität der Beziehung* ab, in der die betreffenden Menschen leben, und davon, in wieweit sie *sich diese Bedürfnisse selbst zugestehen.*

Die Partnerinnen und Partner dürfen wie hinsichtlich anderer Gefühle und Verhaltensweisen auch im Bereich der Sexualität nicht davon ausgehen, »irgendwie« werde es damit schon »klappen«, sondern sie müssen sie als integralen Bestandteil ihrer Beziehung lebenslang pflegen und sie der jeweiligen Altersstufe entsprechend gestalten. Sind sich ältere Menschen dieser Tatsache bewusst, können sie, wie Frau Wolf und Herr Becker, Sexualität bis ins höchste Alter als beglückende, ihre Beziehung stärkende Kraft erleben.

Dies gilt auch für die *Selbstbefriedigung* älterer Menschen, ein mit *besonders großem Tabu* belegtes Thema. Es wird kaum je in Gesprächen berührt und selbst der Hausärztin oder dem Psychotherapeuten gegenüber praktisch nie erwähnt. Dies mag zum Teil daran liegen, dass die heute 80- und 90-Jährigen einer Generation angehören, in der die Sexualität und erst recht die Selbstbefriedigung generell einem starken Tabu unterlagen. Hinzu kommt, dass sich bei diesem Thema die Negierung der sexuellen Bedürfnisse im Alter auswirkt.

Bei der unterschiedlich hohen Lebenserwartung von Frauen und Männern leben viele Frauen als Betagte jahrelang als Witwe. Sie trifft dieses Tabu in doppelter Hinsicht: Zum einen ist es die generelle *Ablehnung der Sexualität im Alter* und zum anderen die Tatsache, dass die heute Betagten in einer Zeit aufgewachsen sind, in der *Frauen eigene sexuelle Bedürfnisse* weitgehend *abgesprochen* wurden und ihre Sexualität lediglich als Reaktion auf die männlichen sexuellen Wünsche verstanden wurde. Die entsprechenden sie prägenden Verhaltensnormen haben diese Frauen seit vielen Jahren verinnerlicht.

Aus den genannten Gründen unterliegen die sexuellen Bedürfnisse und insbesondere das Thema der Selbstbefriedigung bei älteren Menschen, und hier vor allem bei Frauen, einem großen Tabu und sind, wenn sie von den Betreffenden überhaupt wahrgenommen werden, mit enormen Schamgefühlen belegt. Eine Auflösung dieses Tabus würde für die Betagten eine Befreiung bedeuten und ihre Lebensqualität erheblich verbessern.

Dies würde allerdings ein *Umdenken in der Gesamtgesellschaft* notwendig machen und kann nicht von den Betagten allein geleistet werden. Bei der großen Zahl älterer Menschen (heute sind fast ein Viertel der Bevölkerung Menschen über 65 Jahre) sollten sie sich jedoch des *Einflusses bewusst* sein, den sie gesamtgesellschaftlich haben. Wenn die ältere Generation selbstbewusst ihr Recht auf die Realisierung ihrer sexuellen Bedürfnisse und auf das Eingehen von Liebesbeziehungen verträte, würde dies zweifellos eine starke Wirkung auf die jüngere Generation ausüben.

Vielleicht würden sich *als »Verbündete«* vor allem die *jüngeren Menschen* der Enkelgeneration anbieten. Sie sind aufgrund ihrer eigenen – im Allgemeinen liberaleren – Einstellung zur Sexualität und weil sie emotional nicht so eng mit den Betagten verschränkt sind wie deren Kinder eher in der Lage, die Anliegen der Älteren zu verstehen und zu unterstützen. So sind es im geschilderten Beispiel bezeichnenderweise die Enkelkinder von Frau Wolf, die den Kontakt zur Großmutter aufrechterhalten und bei ihren Eltern – leider vergeblich – um Verständnis für die Großmutter werben.

Ältere Menschen mit gleichgeschlechtlichen Orientierungen

Vor wenigen Wochen haben Herr Steiner (75 Jahre) und Herr Huber (72 Jahre) ihr 40-jähriges Zusammenleben im Kreis von Familienangehörigen, Freundinnen und Freunden gefeiert. Diese Feier war Anlass für sie, einen Rückblick auf ihr Leben vorzunehmen und sich noch einmal ihre unterschiedlich verlaufenen Lebenswege zu vergegenwärtigen.

Hans Steiner hatte zwar schon in der Jugendzeit gespürt, dass seine erotischen und sexuellen Fantasien sich nicht auf die Mädchen, sondern auf die Jungen richteten. Doch war damals, nach dem Ende des 2. Weltkriegs, in der konservativen katholischen Familie, in der er aufwuchs, der soziale Druck, sich in heterosexueller Richtung zu entwickeln, so groß, dass er die gleichgeschlechtlichen Gefühle beiseiteschob und zu ignorieren versuchte.

Im Alter von 17 Jahren hatte er in einer kirchlichen Jugendgruppe Irene, eine gleichaltrige junge Frau, kennengelernt. Die beiden jungen Menschen verband nicht nur das Interesse an spirituellen Themen, sondern auch die Liebe zu Musik und Natur sowie ein starkes sozialpolitisches Engagement. Im Freundeskreis galten Hans und Irene als »ideales Paar«, und es erschien allen geradezu als selbstverständlich, dass die beiden heiraten würden.

»Irgendwie« hatte Irene, wie sie Hans Jahre später gestand, von Anfang an gespürt, dass »etwas nicht stimmte«. Sie habe sich trotz der Liebe, die ihr Hans entgegengebracht habe, als Frau nicht »richtig« begehrt gefühlt. Doch nahmen sie beide damals diese Gefühle nicht bewusst wahr und klärten sie nicht je für sich und miteinander, sondern gingen in Anbetracht ihrer traditionellen katholischen Erziehung über diesen Aspekt ihrer Beziehung hinweg.

Vor der Eheschließung dachte Irene, Hans sei wegen der katholischen Verpflichtung zur vorehelichen Enthaltsamkeit ihr gegenüber sexuell so zurückhaltend, und bewunderte ihn dafür sogar ein Stück weit, obwohl sie selbst gerne mit ihm intim geworden wäre. Hans verwendete vor sich selbst das gleiche Argument, spürte im tiefsten Innern aber, dass er das Enthaltsamkeitsgebot nur benutzte, um dahinter sein mangelndes Begehren Irene gegenüber zu verstecken.

Auch nach der Eheschließung spielte die Sexualität keine große Rolle für die Ehegatten. Irene wurde schon bald schwanger. Während der Schwangerschaft und nach der Geburt einer Tochter kam es kaum noch zu sexuellen Begegnungen zwischen den Ehegatten, und die beiden fanden sich schließlich mit dem Zusammenleben ohne Sexualität mehr oder weniger ab.

In den Fantasien von Herrn Steiner begann in dieser Zeit die Attraktion, die für ihn von Jugend an vom männlichen Geschlecht ausgegangen war, eine immer größer werdende Rolle zu spielen. Heimlich kaufte er homosexuelle Zeitschriften und ging auf Geschäftsreisen in andere Städte immer wieder auch in schwule Saunen und Clubs, wo er andere Schwule traf. Dies alles tat er jedoch mit großen Schuldgefühlen, weil er damit seine Frau hinterging und gegen die Normen der katholischen Kirche verstieß, die das Leben der homosexuellen Orientierung als schwere Sünde bezeichnete.

In diesen Jahren wurde die Spannung zwischen seinem Leben in der heterosexuellen Ehe und seiner immer stärker werdenden Überzeugung, schwul und nicht heterosexuell zu sein, geradezu unerträglich. Herr Steiner suchte deshalb schließlich voller Verzweiflung seinen Pfarrer auf und legte ihm seinen Konflikt dar. Zu seiner großen Verwunderung – und Erleichterung – reagierte der Pfarrer nicht ablehnend und ihn verurteilend, sondern riet ihm, seine innere und äußere Situation mit einem mit dem Thema Homosexualität erfahrenen Fachmann zu klären und erst dann zu entscheiden, wie er sein weiteres Leben zu führen gedenke.

Es war damals nicht einfach, einen erfahrenen Fachmann zu finden, der dem Thema Homosexualität unvoreingenommen gegenüberstand und zugleich die katholische Sozialisation von Herrn Steiner ernst nahm. Doch fand er schließlich durch die Vermittlung einer lokalen homosexuellen Arbeitsgruppe einen solchen Therapeuten und führte während zwei Jahren mit ihm Gespräche, in denen er sich seiner gleichgeschlechtlichen Orientierung immer sicherer wurde. Im letzten halben Jahr der Therapie wurde Irene einbezogen, und sie entschlossen sich, die Ehe aufzulösen. Da die Ehegatten sich emotional nach wie vor eng verbunden fühlten, erfolgte die Scheidung ohne Probleme und ohne gegenseitige Verletzungen, und Herr Steiner konnte die Beziehung zur Tochter ungestört weiterführen.

Einige Jahre nach der Scheidung lernte er bei einer Veranstaltung Homosexueller Herrn Huber kennen. Sie verstanden sich von Anfang an gut und verbrachten immer häufiger ihre Freizeit miteinander. Ähnlich wie bei Irene spielten auch in der Beziehung zwischen den beiden Männern die religiöse Thematik und das Interesse an Musik und Natur eine wichtige Rolle. Nun kam dazu aber eine starke erotisch-sexuelle Anziehung, und Herr Steiner genoss es sehr, dass er in der Partnerschaft jetzt auch diese seinen innersten Gefühlen entsprechende Dimension leben konnte.

Ganz anders war das Leben von Helmut Huber verlaufen. Er wuchs in einem offenen Elternhaus auf und teilte seinen Eltern schon im Alter von 16 Jahren mit, dass er »anders« sei (das Wort »schwul« kannte er damals noch nicht und hätte es wohl auch nicht über die Lippen gebracht). Die Eltern reagierten verständnisvoll auf seine Mitteilung, und die Mutter meinte, sie habe sich das schon halbwegs gedacht. Einer ihrer Brüder sei homosexuell, und sie habe schon seit längerem den Eindruck gehabt, Helmut sei es vielleicht auch. Für sie sei das kein Problem. Helmut müsse aber in der Öffentlichkeit damit vorsichtig sein, da es ja den Paragraphen 175 gebe, der homosexuelle Beziehungen unter Strafe stelle.

Auch wenn es infolge dieser strafrechtlichen Probleme nicht einfach war, andere schwule Männer kennenzulernen, fand Herr Huber im Verlauf der Jahre doch einen engen Freundes- und Bekanntenkreis mit Lesben, Schwulen und der Homosexualität gegenüber offenen Heterosexuellen. Trotz etlicher kürzerer Beziehungen kam es aber bis zu dem Zusammentreffen mit Herrn Steiner zu keiner längeren Partnerschaft. Umso größer war seine Freude, als er spürte, dass sie starke Gefühle füreinander und viele sie verbindende Interessen hatten.

Zum Erstaunen ihrer heterosexuellen Freundinnen und Freunde zogen Herr Huber und Herr Steiner jedoch nicht zusammen, sondern behielten ihre eigenen Wohnungen. Der Grund dafür war nicht eigentlich die Angst vor strafrechtlichen Sanktionen, auch wenn diese Sorge, als schwules Paar »entlarvt« zu werden, anfangs eine gewisse Rolle spielte. Es war vielmehr der Wunsch, sich je einen eigenen Raum zu bewahren und die Freiheit, die ihnen ihre unkonventionelle Partnerschaft erlaubte, auch zu nutzen und ihr Zusammenleben so zu gestalten, wie es ihnen am besten entsprach.

Letztlich lebten sie aber die meiste Zeit zusammen, einmal in der Wohnung des einen, einmal in der des anderen. Immer jedoch hatten sie auch die Möglichkeit, sich in die »eigenen vier Wände« zurückzuziehen. Schon bald erkannten ihre heterosexuellen Freundinnen und Freunde, dass das Fehlen von Beziehungsmodellen für Herrn Steiner und Herrn Huber nicht nur ein Nachteil war, sondern ihnen die

Chance bot, Nähe und Distanz und die Art ihrer Beziehungsgestaltung freier zu wählen als sie, die viel stärker in die Normen heterosexueller Partnerschaftsformen eingebunden waren.

Im Alter von 70 und 67 Jahren entschlossen sich die beiden Männer dann aber doch, eine gemeinsame Wohnung zu mieten, da ihnen das Pendeln zwischen den beiden Wohnungen beschwerlich wurde. Dabei war ihnen wichtig, dass diese Wohnung ihnen je genügend Raum bot, um weiterhin ein selbstständiges Leben zu führen und Nähe und Distanz ihren Bedürfnissen entsprechend auszubalancieren.

Als im Jahr 2001 das Gesetz zur Eintragung gleichgeschlechtlicher Partnerschaften in Kraft trat, ließen sich Herr Steiner und Herr Huber als eines der ersten Paare ihres Wohnorts registrieren. Dieser Schritt war ihnen nicht nur wegen der rechtlichen Absicherung, sondern vor allem auch insofern wichtig, als sie damit gleichsam »offiziell« ihre Partnerschaft bekräftigten. Zur Partnerschaftsfeier luden sie eine große Zahl von Familienangehörigen, unter anderem auch Irene und die Tochter von Herrn Steiner, sowie Freundinnen und Freunde ein.

Das jetzige Fest anlässlich des 40-jährigen Zusammenlebens der beiden Männer machte ihnen und ihren Gästen bewusst, wie viel Schönes sie miteinander erlebt hatten, und die beiden Männer waren dankbar für die gemeinsame Zeit. In ihre Freude mischte sich allerdings eine gewisse Sorge um die Zukunft. Würde es möglich sein, als schwules Paar ein gemeinsames Zimmer in einem Altenheim zu finden, so wie es heterosexuelle Paare ohne Probleme können?

Sie erkundigten sich unverbindlich bei zwei Heimen an ihrem Wohnort und erhielten bei beiden ausweichende Antworten: Das sei eine Situation, mit der die Heimleitung bisher noch nie konfrontiert worden sei. Die Leitung habe diesbezüglich keinerlei Vorurteile. Aber man müsse berücksichtigen, dass die im Heim lebenden Pensionäre einer Generation angehörten, in der gleichgeschlechtliche Orientierungen noch weitgehend ein Tabuthema seien. Deshalb würde ein Männerpaar, das sich offen als schwul deklariere und so im Heim leben wolle, sicher große Irritation auslösen. Man müsse eigentlich zum Schutz von Herrn Steiner und Herrn Huber ein solches Ansinnen ablehnen, da sie sich dadurch in eine Außenseiterposition bringen und sich selbst Probleme schaffen würden.

Diese bei beiden Heimen ungefähr gleich lautenden Informationen deprimierten die beiden Männer ziemlich. Nachdem sie jahrelang offen schwul gelebt hatten, war es ihnen unvorstellbar, nun im Alter ihre Partnerschaft zu verheimlichen – sich als Einzelpersonen in einem Heim anzumelden und ihre Beziehung dort heimlich weiterzuführen. Und wie sollte es werden, wenn einer von ihnen pflegebedürftig oder schwerstkrank würde und der andere nicht Tag und Nacht bei ihm sein dürfe? Das konnten sich beide nicht vorstellen.

Sie schauten sich daraufhin im Internet um, ob und wo es Altenheime für Lesben und Schwule gebe. Es zeigte sich jedoch, dass es in ihrer Gegend kein Heim dieser Art gab und dass eine derartige Institution bisher nur in den USA (Santa Fe) existiert. In ihren Recherchen erfuhren sie, dass in Europa lediglich Pläne für die Gründung solcher Altenheime in Amsterdam, Barcelona, Berlin, Frankfurt und Zürich bestünden, diese Projekte aber noch nicht realisiert oder bereits wieder gänzlich gestrichen worden seien.

So sahen sich Herr Steiner und Herr Huber nun im Alter plötzlich einem Problem gegenüber, an das sie in früheren Jahren nie gedacht hatten. Sie waren wie selbstverständlich davon ausgegangen, dass sie ihre Partnerschaft auch im höheren Alter ohne Probleme weiter offen führen könnten, sei es in der eigenen Wohnung, sei es in einer Institution. Das Letztere erwies sich nun aber als offensichtlich äußerst schwierig.

Ein Ausweg schien nur darin zu liegen, zusammen mit anderen Lesben und Schwulen eine Alters-WG zu gründen oder nach einer anderen alternativen Wohnform Ausschau zu halten, in der sie offen ihre homosexuelle Beziehung leben könnten und zugleich die im Alter nötige Versorgung und Pflege erhielten (vgl. S. 53 ff.). So enttäuschend es für die beiden Männer einerseits war, dass keine Altenheime für homosexuelle Menschen bestehen, so froh waren sie andererseits, dies rechtzeitig bemerkt zu haben, so dass sie sich nach Alternativen umsehen und entsprechend planen konnten.

Herr Steiner und Herr Huber gehören einer Generation an, in der es gar nicht selbstverständlich war, sich als schwul zu outen und ein der gleichgeschlechtlichen Orientierung entsprechendes Leben zu führen. In Deutschland bestand der Paragraph 175, der homosexuelle Aktivitäten und Beziehungen unter Strafe stellte und dieses unselige Erbe der NS-Zeit bis zum Jahre 1994 aufrechterhielt. Auch wenn der Paragraph 175 in den 60er und 70er Jahren an Brisanz verlor, bestimmte er die Jugendzeit und das junge Erwachsenenalter der beiden Männer in starkem Maße. Viele Frauen und Männer mit gleichgeschlechtlicher Orientierung wagten es in dieser Zeit nicht, sich im Familien- und Freundeskreis zu outen. Soweit es überhaupt Treffpunkte und Möglichkeiten für soziale Kontakte von Lesben und Schwulen gab, waren diese Orte und Anlässe mehr oder weniger geheim, und eine Teilnahme an lesbisch-schwulen Treffen barg stets ein gewisses Risiko in sich.

Diese *Homosexualitätsfeindlichkeit* prägte auch die Atmosphäre in der Gesamtgesellschaft. In der öffentlichen Meinung, ja selbst unter Fachleuten der Psychologie und

Psychiatrie, galt die gleichgeschlechtliche Orientierung als »krankhaft« und »pervers« und in traditionellen kirchlichen Kreisen als schwere Sünde. Derartige Auffassungen ermunterten Lesben und Schwule im Allgemeinen nicht, sich als solche zu erkennen zu geben.

Hinzu kommt, dass viele Lesben und Schwule die ihnen von der Umgebung vermittelten *negativen Bilder verinnerlichten* und deshalb schließlich selbst der Ansicht waren, ihre Orientierung sei »krankhaft« und »pervers«. Wir sprechen bei diesem Phänomen von *»verinnerlichter Homophobie«*, die Depressionen, Selbstwertprobleme, Selbstablehnung und Schuldgefühle bis hin zum Suizid zur Folge haben kann. In jedem Fall schwächt die verinnerlichte Homophobie die Persönlichkeit und blockiert die Kräfte, die für ein erfolgreiches Coming-out notwendig sind.

Hierin liegt ein weiterer Grund für die starke Tendenz der Generation von Herrn Steiner und Herrn Huber, die gleichgeschlechtliche Orientierung zu verstecken und keine oder nur sehr zögernd Schritte in Richtung auf ein Coming-out zu tun. Dadurch wird verständlich, dass gerade in dieser Generation eine große Dunkelziffer im Hinblick auf gleichgeschlechtliche Orientierungen besteht.

Dass der – sich letztlich immer als Befreiung erweisende – Schritt zum Coming-out trotz aller gesellschaftlichen Einflüsse unterschiedlich verlaufen konnte, zeigen die Entwicklungen der beiden beschriebenen Männer in eindrücklicher Weise. Auch wenn heute die Coming-out-Prozesse im Allgemeinen unproblematischer verlaufen als in den 50er und 60er Jahren des letzten Jahrhunderts, gilt nach wie vor, dass ein offenes, tolerantes Milieu (wie bei Herrn Huber) das Coming-out erleichtert, während ein konservatives, von traditionellen kirchlichen Normen geprägtes Milieu (wie bei Herrn Steiner) das Coming-out erschwert, ja mitunter sogar unmöglich macht.

Nicht selten hatten in der Generation von Herrn Steiner

und Herrn Huber die Ablehnung der eigenen Homosexualität und der große soziale Druck, ein heterosexuelles Leben zu führen, zur Folge, dass Männer wie Herr Steiner Ehen eingingen. Diese Beziehungen wurden von ihnen vor allem zu Beginn oft als durchaus befriedigend erlebt. Dies gilt vor allem für Beziehungen, die emotional intensiv waren, und ist ferner durch die Erleichterung des homosexuellen Mannes bedingt, nun doch auf den vermeintlich »richtigen« Weg gekommen zu sein, und durch seine Hoffnung, in der Ehe die gleichgeschlechtliche Präferenz überwinden zu können.

Häufig spürte aber die Ehefrau, wie die Frau von Herrn Steiner, von Anfang an, dass »etwas nicht stimmt«. Sie interpretierte dies aber als ein generell geringes Interesse des Mannes an Sexualität oder stand unter dem Eindruck, sie sei für den Gatten nicht attraktiv genug. In traditionell religiösen Kreisen erklärten sich die Paare die geringe Rolle, welche die Sexualität in ihrer Partnerschaft spielte – soweit sie diese Gefühle überhaupt reflektierten und miteinander diskutierten –, als Folge ihrer religiösen Sozialisation. Mitunter idealisierten sie diese, wie das Ehepaar Steiner zu Beginn ihrer Beziehung, sogar als Zeichen einer positiv zu wertenden sexuellen »Beherrschung«.

Typisch für die Generation, deren Jugend und Adoleszenz in die 40er und 50er Jahre des vergangenen Jahrhunderts fallen, ist ein relativ *spätes Coming-out*, das, wenn überhaupt, nicht selten noch wesentlich später als bei Herrn Steiner stattfand. Wie erfolgreich oder schwierig der Coming-out-Prozess durchlaufen wurde, hing dabei von den Reaktionen der Umgebung, im Fall von Ehen vor allem von der Ehefrau, ab.

Herr Steiners Situation stellt diesbezüglich ein positives Beispiel dar, da die Ehegatten ihre Beziehung miteinander klärten und in gegenseitigem Einvernehmen ihre Ehe auflösten. Als positiv und sehr hilfreich haben sich in diesem Entwicklungsprozess auch die Beratung von Herrn Steiner durch den sehr offenen katholischen Priester sowie die Einzeltherapie und die Paargespräche mit einem mit dem Thema Homosexualität vertrauten Psychotherapeuten erwiesen. Gerade bei einem späten Coming-out und im Fall ehelicher Verbindungen sind *klärende Gespräche mit Fachleuten* sinnvoll und werden in der Regel von allen Beteiligten als sehr hilfreich und entlastend erlebt.

Die *Partnerschaft*, die Herr Steiner und Herr Huber eingegangen sind, weicht in mancherlei Hinsicht von heterosexuellen Ehen ab. Dies betrifft zum einen die rechtliche Situation, die zwar nach dem Inkrafttreten des Partnerschaftsgesetzes (in Deutschland im Jahre 2001, in der Schweiz ab Januar 2007) einigermaßen abgesichert ist, aber immer noch (zum Beispiel im Hinblick auf das Adoptionsrecht) bedeutsame Unterschiede zur heterosexuellen Ehe aufweist.

Zum anderen bestehen für gleichgeschlechtliche Partnerschaften *keine Modelle*. Herr Steiner und Herr Huber konnten sich nicht an einem ihnen von ihren Eltern oder anderen Personen ihrer Umgebung vorgelebten Partnerschaftsmodell orientieren, sondern mussten ihr Zusammenleben quasi selbst »erfinden«. Das Fehlen von Modellen stellt für Lesben und Schwule indes nicht nur eine Schwierigkeit dar und führt keineswegs zwangsläufig zu Orientierungslosigkeit und unklaren Rollenverteilungen. Es bieten sich ihnen im Gegenteil *Freiräume*, die heterosexuelle Paare in dieser Art und in diesem Ausmaß nicht haben oder sich im Allgemeinen nicht nehmen.

Dies betrifft beispielsweise die *Nähe-Distanz-Regulierung*. Während es im Umfeld heterosexueller Paare Irritation und Befremden auslöst, wenn die Ehegatten nicht in der gleichen Wohnung leben, ist diese Wohnform, wie Herr Steiner und Herr Huber sie etliche Jahre praktiziert haben, für viele Lesben und Schwule die von ihnen gewählte und geschätzte Form des Zusammenlebens. Wie die beiden Protagonisten leben die Partnerinnen oder Partner die meiste Zeit zusammen in einer der beiden Wohnungen. Es besteht für sie aber auch die Möglichkeit, sich bei Bedarf in die eigene Wohnung zurückzuziehen. Die Beziehung leidet darunter in keiner Weise, und eine solche Wohnform bedeutet auch nicht, dass die Partner bei Konflikten einander ausweichen, statt sie miteinander zu lösen.

Die individuelle Nähe-Distanz-Regulierung bietet den Vorteil, dass die Partner ihre Bedürfnisse nach Nähe und Distanz besser spüren, weil ihre Wohnform ihnen die Möglichkeit gibt, sich dann auch diesen Bedürfnissen entsprechend zu verhalten. Heterosexuelle Paare, die gemäß der Norm in der gleichen Wohnung leben, nehmen oft ihre – zum Teil voneinander abweichenden und in verschiedenen Lebensphasen sich ändernden – Bedürfnisse nach größerer Nähe oder größerer Distanz weniger wahr, weil sie die Freiheit, diesen Gefühlen entsprechend zu leben, nicht haben oder sie sich nicht zugestehen. Viele Konflikte in heterosexuellen Beziehungen eskalieren, weil die Ehegatten gleichsam »auf Gedeih und Verderben« aneinander gebunden sind und sich und einander nicht zugestehen, dass mitunter ein gewisser Abstand beiden guttut.

Damit hängt eine weitere Besonderheit gleichgeschlechtlicher Paarbeziehungen zusammen: Bei der Schilderung der Partnerschaft von Herrn Steiner und Herrn Huber war nicht die Rede davon, dass der eine berufstätig ist und für den Lebensunterhalt der beiden sorgt, während der andere die »Hausfrauenrolle« innehat. Beide Partner sind vielmehr in gleicher Weise berufstätig und leisten je ihren Beitrag zum gemeinsamen Haushalt.

Dies ist eine für die meisten gleichgeschlechtlichen Paare typische *Rollenverteilung* und gilt auch für Lesben und Schwule der Generation der beiden geschilderten Männer. Heterosexuelle Paare dieser Generation leben zumeist in traditionellen Frauen- und Männerrollen, nach denen die

Frau für den häuslichen Bereich zuständig ist und der Mann im Beruf tätig ist und das Geld verdient. Mit dieser Rollenverteilung sind bei vielen heterosexuellen Paaren, vor allem aus der Generation von Herrn Steiner und Herrn Huber, Machtunterschiede verbunden, die in traditionell-patriarchalen Denkmustern am Geschlecht festgemacht werden und in der Regel zu Ungunsten der Frau ausfallen.

Gleichgeschlechtliche Paare wie Herr Steiner und Herr Huber können sich hingegen nicht auf das Geschlecht berufen und daraus bestimmte Privilegien ableiten, sondern müssen ihre Rechte und Pflichten miteinander aushandeln und ihre Rollenverteilung individuell gestalten. Die Folge ist eine weitgehend *egalitäre Rollenverteilung*, wie wir sie bei vielen gleichgeschlechtlichen Partnerschaften finden. Man kann insofern sagen, dass auch Lesben und Schwule im höheren Lebensalter emanzipiertere Partnerschaften führen als viele heterosexuelle Paare dieser Generation, die sich zumeist stark an traditionellen Rollenvorstellungen orientieren.

Umso schockierender ist es für die beiden geschilderten Männer, dass sie von beiden Altenheimen, bei denen sie sich erkundigen, die gleiche Antwort erhalten, nämlich dass ein Eintritt als schwules Paar nicht möglich sei. Gewiss trifft das ihnen entgegengehaltene Argument zu, dass die im Heim lebenden Pensionäre einer Generation angehören, für die Homosexualität ein mit großen Tabus belegtes Thema ist. Das haben Herr Steiner und Herr Huber ja selbst im Verlauf ihres Lebens erfahren. Es ist jedoch ein Irrtum anzunehmen, ältere Menschen nähmen nicht mehr am gesellschaftlichen Leben teil und setzten sich nicht mehr mit den Themen der Gegenwart auseinander.

Lesbische und schwule Orientierungen und Lebensweisen sind heute Themen, die immer wieder in den verschiedensten Kontexten in der Öffentlichkeit auftauchen: Immer wieder outen sich prominente Persönlichkeiten des öffentlichen Lebens (Bürgermeister verschiedener europäischer Länder, Schauspielerinnen und Schauspieler, Künstlerinnen und Künstler der verschiedensten Richtungen und andere Prominente); die Einführung der Partnerschaftsgesetze (in der Schweiz aufgrund eines Volksentscheids!) hat eine breite öffentliche Diskussion in den Medien ausgelöst; es gibt kaum eine Soap-Opera, in der nicht Lesben und Schwule auftreten; und in vielen Familien ist Homosexualität auch in der Diskussion mit den betagten Angehörigen durchaus ein Thema. Zum Teil entstehen solche Diskussionen, weil sich Mitglieder der eigenen Familie outen, zum Teil aber auch, weil es im Freundes- und Bekanntenkreis Lesben und Schwule gibt. Gar nicht selten tun sich etwa Großeltern sogar leichter mit der Homosexualität ihrer Enkel als deren Eltern, die doch einer jüngeren Generation angehören.

Es ist deshalb ein vorgeschobenes Argument der Heimleitung zu behaupten, der älteren Generation sei das Thema Homosexualität fremd und es sei stark mit Tabus beladen. Aus diesem Grund sei diesen Pensionären der Heimeintritt eines offen schwul lebenden Paares nicht zumutbar. Man muss vielmehr vermuten, dass das Thema Homosexualität für die Professionellen, die so argumentieren, ein Problem darstellt, die Heimleitung dies aber nicht offen kommuniziert und sich hinter den Pensionären »versteckt«.

Was auch immer die Gründe für die ablehnende Haltung sein mögen, es bleibt für Herrn Steiner und Herrn Huber wie für viele andere Betagte mit gleichgeschlechtlichen Orientierungen das bittere Fazit bestehen, dass sie als lesbisches oder schwules Paar große Schwierigkeiten haben, ein ihre Orientierung und Lebensweise akzeptierendes Heim zu finden.

Ähnlich ist es bei alleinstehenden oder in einer lockeren Freundschaft lebenden Lesben und Schwulen, wenn sie in ein Altenheim eintreten. Auch wenn sie ihre gleichge-

100

schlechtliche Orientierung früher mehr oder weniger offen gelebt haben, sind sie im Moment des Heimeintritts häufig gezwungen, sie zu verbergen. Es ist tragisch zu sehen, dass in einer Lebensphase, in der es besonders wichtig ist, bestehende Freundschaften zu pflegen und weiterhin Kontakte zu vertrauten Menschen zu unterhalten, gerade diese Beziehungen verheimlicht werden müssen und nicht offen gelebt werden können.

Solange die Betagten noch in der Lage sind, sich außerhalb des Heims zu bewegen, können diese gleichgeschlechtlichen Beziehungen wenigstens noch ein Stück weit gelebt werden, indem die Treffen außerhalb des Heims bei den betreffenden Partnerinnen oder Partnern stattfinden. Sobald es ihnen aus gesundheitlichen Gründen aber nicht mehr möglich ist, sich selbstständig fortzubewegen, werden die so wichtigen Beziehungen zu anderen Lesben und Schwulen jäh unterbrochen und können höchstens in Form von »heterosexuell« anmutenden Besuchen weitergeführt werden. Die bisher gepflegte Intimität, Zärtlichkeit und Sexualität sind bei dieser Art von Beziehung jedoch ausgeklammert und können nicht gelebt werden.

Herr Steiner und Herr Huber haben sich nach den ablehnenden Reaktionen zweier Heime auf die Suche nach speziellen Altenheimen für Lesben und Schwule gemacht. Doch das Resultat ihrer Recherchen ist enttäuschend: Wegen der geschilderten Probleme, die Betagte mit gleichgeschlechtlichen Orientierungen in den traditionellen Heimen haben, sind an einigen Orten in Europa zwar immer wieder Projekte für lesbisch-schwule Alten- und Pflegeheime geplant, letztlich aber, zumeist aus finanziellen Gründen, nicht realisiert worden (das nach ihren Recherchen bisher einzige existierende Heim in Santa Fe kommt für sie natürlich nicht infrage).

Bei der Diskussion um spezielle Alten- und Pflegeheime für Lesben und Schwule taucht immer wieder das Argument auf, man schaffe durch die Gründung solcher Institutionen doch ein Ghetto für Menschen mit gleichgeschlechtlichen Orientierungen und Lebensweisen. Dies führe zu einer selbstgewählten Ausgrenzung, die doch letztlich kontraproduktiv sei. Diese Argumentation trifft indes den Kern des Problems nicht. Es geht keineswegs um eine selbstgewählte Ausgrenzung. Spezielle Institutionen für betagte Lesben und Schwule sollen ihnen vielmehr die Möglichkeit bieten, ihre gleichgeschlechtlichen Orientierungen offen zu leben und ihre Beziehungen so weiterzuführen, wie sie sie vorher auch gepflegt haben. Außerdem ist es in der Regel nicht das Ziel solcher Projekte, Heimplätze ausschließlich für lesbische und schwule Betagte anzubieten, sondern auch für Heterosexuelle, die kein Problem mit dem Zusammenleben mit Lesben und Schwulen haben.

Trotz dieser eher düsteren Situation werden heute doch erste positive Zeichen am Horizont sichtbar: Gemäß einer Umfrage bei den Zürcher Altenheimen im Jahr 2006 zeigt sich zwar, dass Lesben und Schwule dort kaum als solche wahrgenommen werden. Doch heißt es in der offiziellen Broschüre der Stadt Zürich »Wohnen im Altersheim« ausdrücklich, dass die Appartements in den Altersheimen »für Paare und Lebensgemeinschaften« zur Verfügung stehen, eine gewollt für alle Menschen und Paare interpretierbare Aussage. Es bleibt allerdings abzuwarten, ob diese Offenheit im Alltag auch tatsächlich gelebt wird.

Ganz offensichtlich besteht bezüglich der Gründung von Altenheimen für Menschen mit gleichgeschlechtlichen Orientierungen ein *großer Handlungsbedarf*. Dies gilt insbesondere für die *Zukunft*, in der eine neue Generation von Lesben und Schwulen, die ihr Coming-out in jüngeren Jahren erfolgreich durchlaufen und offen gelebt haben, das höhere Alter erreichen wird und selbstverständlich weiterhin offen ihre gleichgeschlechtliche Orientierung wird leben wollen.

Bis zur Schaffung solcher Angebote bleibt Lesben und Schwulen nur die Möglichkeit, eine *Alters-WG* zu gründen oder andere alternative Wohnformen zu suchen, in denen sie ihre gleichgeschlechtliche Orientierung und ihre Partnerschaften offen leben können.

Krankheit – *das* Thema des Alters?

Frau Barth (76 Jahre) und Frau Albrecht (81 Jahre) sind schon seit der Schulzeit miteinander befreundet. Während etlicher Jahre in der Lebensmitte hatten sie allerdings kaum Kontakt miteinander.

Frau Albrecht ist schon früh verwitwet. Sie hat ihren Mann, mit dem sie eine glückliche Ehe geführt hat, bereits im Alter von 52 Jahren verloren. Der Mann von Frau Barth hingegen ist vor einigen Jahren im Alter von 70 Jahren gestorben. Die beiden haben eine schwierige, spannungsreiche Ehe geführt. Herr Barth hat immer wieder exzessiv Alkohol getrunken und war deshalb mehrmals in Kliniken. Er ist schließlich an den Folgen der langjährigen Alkoholabhängigkeit gestorben.

Nach dem Tod von Herrn Barth intensivierten die beiden Freundinnen ihre Beziehung wieder und verbrachten viel Zeit miteinander. Sie stellten fest, dass sie während der Jahre, in denen sie wenig Kontakt miteinander gehabt hatten, viele gleiche Interessen entwickelt hatten, und freuten sich, diesen nun gemeinsam nachgehen zu können. Sie belegten Kurse in der Volkshochschule und besuchten Ausstellungen, Konzerte und Theateraufführungen.

Trotz aller Gemeinsamkeiten waren die beiden Frauen in einer Hinsicht jedoch völlig gegensätzlich: Dies betraf die Rolle, welche Krankheiten in ihrem Leben spielten. Nicht, dass eine von ihnen an schwereren Erkrankungen gelitten hätte, während die andere sich bester Gesundheit erfreut hätte. »Objektiv« gesehen befanden sie sich beide in einem ähnlichen Gesundheitszustand. Mit fortschreitendem Alter hatten sich Schmerzen in den Gliedern, Schwindelgefühle, Unsicherheit beim Gehen, schnelle Ermüdbarkeit und Schweratmigkeit bei größeren Anstrengungen, Gedächtnisprobleme und in manchen Nächten Schlafstörungen eingestellt.

Während Frau Albrecht sich durch diese Beschwerden, die sie als »normale Verschleißerscheinungen« bezeichnete, nicht wesentlich beeinträchtigt fühlte, empfand Frau Barth die gleichen Beschwerden als erhebliche Beeinträchtigung ihrer Lebensqualität. Dabei nützte es nicht viel, dass Frau Albrecht ihr immer wieder sagte, solche »Gebresten« gehörten einfach zum Alter: »Damit müssen wir uns abfinden. Und eigentlich geht es uns doch recht gut.« Frau Barth reagierte auf solche tröstend gemeinten Äußerungen zum Teil gekränkt, weil sie unter dem Eindruck stand, die Freundin nehme ihr Leiden nicht ernst. Zum Teil reagierte sie aber auch verzweifelt und klagte, dass sie die durch die Beschwerden bedingten Einschränkungen nicht ertrage.

Die Verwandten der beiden Frauen reagierten völlig unterschiedlich: Während die Kinder und Enkelkinder von Frau Albrecht gerne zu ihr gingen und die Besuche jeweils als sehr anregend empfanden, erfolgten die Besuche der Kinder und Enkelkinder von Frau Barth aus Pflichtgefühl, nicht aber aus Freude am Zusammentreffen mit der Mutter beziehungsweise der Großmutter. »Für Omi gibt es nur *ein* Thema«, klagte der Enkelsohn seiner Mutter, »und das ist *Krankheit*. Sie kann Stunden damit füllen, wie gut es ihr früher ging und wie schlecht sie sich nun fühlt. Jedes Zipperchen beobachtet sie und macht ein Riesentheater darum. Und wenn sie ihre Krankheiten durch hat, kommen die ihrer Bekannten dran.« »Die schlimmsten Krankheiten aber hat natürlich Omi«, ergänzte die Enkeltochter ironisch.

Frau Albrecht ließ sich zwar durch das Klagen ihrer Freundin und die immer gleichen Schilderungen ihrer Beschwerden nicht beirren und pflegte den Kontakt zu ihr weiterhin. Sie spürte aber, dass auch sie mitunter froh war, wenn sie sich nach einem zusammen verbrachten Nachmittag wieder trennten. Mit anderen Freundinnen und Bekannten ging es ihr völlig anders. Deren Gesellschaft genoss Frau Albrecht und sie vergaß über die anregenden Gespräche mit ihnen oft ihre eigenen Beschwerden.

Gewiss beunruhigte es auch sie mitunter, wenn sie sich beim besten Willen nicht an einen Sachverhalt erinnern konnte, den sie sich vor kurzer Zeit eingeprägt hatte, oder wenn sie beim Einkaufen einen Artikel vergaß, den sie unbedingt hatte besorgen wollen. Sie hatte sogar schon einmal im Internet unter dem Stichwort »Demenz« nachgeschaut, in welcher Form und mit welchen Symptomen sich ein hirnorganischer Abbau zeigt und was man gegebenenfalls dagegen tun könne. Doch hatte sie beim Lesen der verschiedenen, sich zum Teil widersprechenden Informationen bald gemerkt, dass sie dadurch eher verunsichert wurde, als dass es sie beruhigt hätte. Außerdem hatte Frau Albrecht aus der Beobachtung, dass sie mitunter Dinge vergaß, die Konsequenz gezogen, beim Einkaufen einen Notizzettel mitzunehmen oder wichtige Termine in eine Agenda einzutragen.

Die starke Beschäftigung mit ihren Krankheiten und das Empfinden, durch die Beschwerden viel an Lebensqualität verloren zu haben, führten bei Frau Barth zu häufigen Konsultationen bei ihrer Hausärztin. Zum einen sollte diese ihre Patientin beruhigen, dass »nichts Schlimmes« vorliege. Zum anderen aber erhoffte Frau Barth sich von der Ärztin auch die »Heilung« ihrer »Krankheiten«. Umso enttäuschter war sie jeweils, wenn die Ärztin ihr klarzumachen versuchte, dass die Beschwerden, unter denen Frau Barth litt, »normale Altersbeschwerden« und keine Krankheiten seien und dass sie nicht damit rechnen dürfe, dass sich diese Beschwerden durch irgendeine Behandlung beseitigen ließen und Frau Barth sich wieder wie in jüngeren Jahren fühlen werde.

Frau Albrecht hingegen suchte ihren Hausarzt nur relativ selten auf. »Warum sollte ich dauernd zu ihm rennen? Wenn ich wirklich krank bin, konsultiere ich ihn. Aber als Gesprächspartner brauche ich ihn nicht. Da habe ich genug andere Menschen aus meinem Freundes- und Bekanntenkreis«, pflegte sie zu sagen, wenn Frau Barth sie mitunter fragte, warum sie eigentlich so selten zum Arzt gehe. Auch Frau Albrecht holte sich Rat bei ihrem Arzt, wenn ihr die körperlichen Beschwerden oder ihre Vergesslichkeit Sorgen machten. Im Gegensatz zu Frau Barth, die sich durch sachliche Erklärungen nicht beruhigen ließ, nahm Frau Albrecht die Mitteilungen ihres Arztes aber auf und fühlte sich nach einer Konsultation bei ihm beruhigt.

Vielfach herrscht die Vorstellung – und nicht wenige ältere Menschen verhalten sich tatsächlich auch dementsprechend –, dass »Krankheiten« *das* Thema des Alters sind. Wie es der Enkelsohn von Frau Barth formuliert, können sie »Stunden damit füllen«, über die eigenen gesundheitlichen Beschwerden und die ihrer Bekannten zu sprechen oder zu klagen.

Auch wenn dies für etliche Betagte zutrifft, ist es jedoch keineswegs so, dass die körperlichen Beschwerden bei der Mehrzahl der älteren Menschen im Zentrum ihrer Aufmerksamkeit und ihres Interesses stünden. Die beiden oben geschilderten Frauen stellen Beispiele für zwei unterschiedliche Einstellungen und Verhaltensweisen dar. Während Frau Albrecht die mit dem Alter sich einstellenden körperlichen Beschwerden als »normale Verschleißerscheinungen« empfindet und sich damit – erfolgreich – zu arrangieren versucht, steht Frau Barth unter dem Eindruck, es handle sich um »Krankheiten«, mit denen sie sich nicht abfinden kann und die »geheilt« werden sollen.

Diese unerfüllbare Erwartung hat, wie oben dargestellt, eine permanente Unzufriedenheit und Enttäuschung zur

Folge und führt dazu, dass ihre »Krankheiten« für Frau Barth im Verlauf der Zeit zum Zentrum ihres Denkens und Fühlens werden. Jedes Gespräch kreist um das Thema »Krankheit«, und wenn es nicht die eigenen sind, so geht es um die Krankheiten anderer. Typisch für solche Gespräche ist, dass nicht die Besserung von Leidenszuständen oder das Akzeptieren solcher Beschwerden thematisiert werden, sondern zumeist von katastrophalen Entwicklungen und schlimmstem Leiden berichtet wird. Dadurch verstärkt sich bei den betreffenden älteren Menschen nochmals der Eindruck, das höhere Lebensalter zeichne sich durch schwere Erkrankungen und Siechtum aus. Jeder Hinweis auf körperliche oder geistige Einschränkungen wird von ihnen in diesem Sinne gedeutet.

Eine völlig andere Einstellung zeigt im oben dargestellten Beispiel Frau Albrecht. Sie repräsentiert eine Gruppe von älteren Menschen, welche die Beschwerden, die sich im Verlauf des Alterungsprozesses einstellen, als etwas »Normales«, zum Alter Gehörendes empfinden. Sie blenden die körperlichen und geistigen Einschränkungen nicht aus, sondern nehmen sie durchaus realistisch wahr. Aber sie kämpfen nicht dagegen an, sondern akzeptieren sie. Dadurch entsteht eine viel gelassenere Haltung, als Menschen wie Frau Barth sie aufzubringen vermögen.

Die *realistische Wahrnehmung und Akzeptanz der Altersbeschwerden* ermöglicht es solchen Betagten dann auch, sich darauf einzustellen und *Strategien* zu finden, wie sie mit den Einschränkungen umgehen können. Eine solche Strategie kann beispielsweise sein, die – reduzierten – Kräfte dem eigenen Vermögen entsprechend einzuteilen und sich körperlich und psychisch nicht zu überfordern. Oder sie können bei Gedächtnisproblemen Übungen zum Gedächtnistraining durchführen oder, wie Frau Albrecht, Notizzettel verwenden und für wichtige Termine eine Agenda führen. Zu solchen sinnvollen Maßnahmen ist indes nur fähig, wer die im Alter auftretenden Einschränkungen akzeptiert und sich darauf einstellt.

Zu einer realistischen Auseinandersetzung mit dem höheren Alter gehört die *Einsicht*, dass sich im Verlauf der Zeit gewisse Beeinträchtigungen einstellen werden. Neben Unsicherheit beim Gehen und Schwindelgefühlen sind es, wie bei den beiden im Beispiel beschriebenen Frauen, vor allem Schlafstörungen, depressive Verstimmungen, Schmerzen, die rheumatisch oder durch Gelenkarthrose bedingt sind, sowie Konzentrations- und Gedächtnisstörungen. Hinzu kommen Seh- und Hörprobleme, die im höheren Alter zunehmen. Untersuchungen an großen Kollektiven der Bevölkerung zeigen, dass etwa ein Viertel der über 65-Jährigen unter Demenzen, Depressionen oder Schlafstörungen leidet.

Wie die Beispiele von Frau Albrecht und Frau Barth zeigen, gehen die Betagten jedoch unterschiedlich mit diesen Beeinträchtigungen um. Ich habe oben bereits darauf hingewiesen, dass ein wesentlicher Unterschied darin liegt, ob die Einschränkungen als »normale« Alterserscheinungen oder als »Krankheiten«, die es zu beseitigen gilt, empfunden werden: Der Kampf gegen die im Alter zu erwartenden Einschränkungen verbraucht viel Kraft, die der Anpassung an das Leben im höheren Alter verloren geht. Dagegen resultiert aus der Akzeptanz der Beeinträchtigungen die Fähigkeit, angemessene Strategien zur Bewältigung der dadurch entstehenden Situation zu finden.

Es kommt hinzu, dass der Kampf gegen die »natürlichen« Alterserscheinungen eine negative Entwicklung in Form eines *Teufelskreises* einleiten kann. Die Wahrnehmung von Schmerzen, die sich beispielsweise aufgrund von Arthrose im Knie bemerkbar machen, kann bei einem Kampf gegen die Beschwerden dazu führen, dass sich die Aufmerksamkeit der betreffenden Person permanent auf das Knie richtet. Jeder kleinste Schmerz wird registriert, und es wachsen die Beunruhigung und die Angst, es könne »etwas ganz Schlimmes« mit dem Knie sein. Dies führt zu einer nochmals stärkeren Selbstbeobachtung, was wiederum eine noch größere Beunruhigung zur Folge hat. Außerdem neigen solche Menschen dazu, sich besonders stark zu schonen und Bewegung zu meiden. Dies wiederum hat zur Folge, dass die Schmerzen im Knie wegen der mangelnden Bewegung noch größer werden.

Zudem kann es wegen der Inaktivität unter Umständen zu einer erheblichen Gewichtszunahme kommen, die für das Knie eine zusätzliche Belastung darstellt und eine Reihe weiterer gesundheitlicher Gefahren (wie Bluthochdruck, Cholesterinprobleme, Herz-Kreislauf-Belastungen) mit sich bringt. Besonders verhängnisvoll ist es, dass ein solcher Teufelskreis auch zu einem *sozialen Rückzug* führen kann, der das Kreisen um die Schmerzen im Knie nochmals verstärkt.

Im Gegensatz dazu finden wir bei Betagten wie Frau Albrecht eine *positive Entwicklung*: Diese Menschen nehmen ihre Schmerzen wahr, akzeptieren sie aber und verhalten sich in angemessener Weise. Das bedeutet im Fall von Knieschmerzen der beschriebenen Art, dass sie sich im Hinblick auf körperliche Bewegung nicht überfordern, sich aber auch nicht im Übermaß schonen. Indem ihr Denken nicht permanent um die Schmerzen und deren Ursachen kreist, sind sie auch weniger beunruhigt und entwickeln mehr Gelassenheit als Menschen wie Frau Barth. Außerdem ziehen sich Betagte wie Frau Albrecht nicht von ihrer Umgebung zurück, sondern pflegen rege Kontakte und erleben dadurch eine Fülle von Anregungen, die sie von den Schmerzen ablenken, damit das Schmerzempfinden reduzieren und das Kreisen um die Beeinträchtigung nochmals verringern.

Es ist interessant, dass die *Verwandten* der beiden beschriebenen Frauen völlig *unterschiedlich reagieren*: Die Kinder und Enkelinder von Frau Barth besuchen sie vor allem aus Pflichtgefühl und empfinden das Kreisen um die

Altersbeschwerden und das Klagen darüber als unangenehm. Die Verwandten von Frau Albrecht hingegen pflegen gerne Kontakt mit ihr, weil sie sich mit ihr über die verschiedensten Themen unterhalten können und nicht das Thema »Krankheit« im Mittelpunkt ihres Interesses steht.

Das unterschiedliche Umgehen mit den körperlichen und geistigen Alterserscheinungen hat auch Unterschiede in der *Inanspruchnahme von Hausärztinnen und Hausärzten* zur Folge. Während Betagte wie Frau Barth ihre Ärztinnen und Ärzte häufig konsultieren, finden wir bei älteren Menschen wie Frau Albrecht eine nur relativ geringe Zahl von Arztbesuchen. Diese Unterschiede erklären sich zum Teil daraus, dass das Kreisen um die Altersbeschwerden zu größeren Gesundheitssorgen führt. Immer wieder werden die Fachleute aufgesucht, um sich abzusichern, ob es nicht am Ende doch »etwas Schlimmes« ist.

Mitunter stellen Hausärztinnen und Hausärzte für Menschen, die sich von sozialen Kontakten zurückziehen, die letzten und damit wichtigsten Bezugspersonen dar und werden vor allem aus diesem Grund aufgesucht. Bei diesen Betagten ersetzen die Professionellen der medizinischen Berufe die sozialen Kontakte zu Bezugspersonen aus dem privaten Kreis.

Wir müssen mit fortschreitendem Alter mit gewissen gesundheitlichen Einschränkungen rechnen. Wir können damit jedoch – wie die Beispiele von Frau Albrecht und Frau Barth zeigen – völlig unterschiedlich umgehen. Je nach der Haltung, die den Altersbeschwerden gegenüber eingenommen wird, können sie zu einem zentralen Inhalt des Lebens werden, um den das ganze Denken und Fühlen kreist und gegen den ein vehementer Kampf geführt wird. Oder die älteren Menschen *akzeptieren* die Beschwerden als »normale«, mit dem Alter zu erwartende Einschränkungen, *arrangieren sich damit* und führen ihr Leben überwiegend so weiter wie bisher. Dies gilt insbesondere für die Aufrechterhaltung der sozialen Kontakte. Die Zufriedenheit im höheren Lebensalter hängt zu einem großen Teil davon ab, ob es den Betagten gelingt, eine solche *positive Einstellung gegenüber den gesundheitlichen Einschränkungen* zu entwickeln.

Warten bis zur letzten Minute. Der notfallmäßige Eintritt ins Pflegeheim

Frau Steiger war eine sportliche Frau, hatte in jüngeren Jahren Tennis gespielt, war im Winter Ski gefahren, war regelmäßig geschwommen und war nie ernsthaft krank gewesen. Mit 60 Jahren hatte sie sogar noch begonnen, regelmäßig in ein Fitnesszentrum zu gehen. Die Menschen ihrer Umgebung hatten Frau Steiger oft um ihre Gesundheit beneidet.

Ihr Ehemann war bereits früh, im Alter von 55 Jahren, an einem Herzinfarkt verstorben. Finanziell war sie gut abgesichert und hatte auch nach dem Tod ihres Mannes keine Probleme, ihren beiden Töchtern eine gute Ausbildung zu finanzieren. Die Töchter sind heute verheiratet und haben eigene Kinder. So hat Frau Steiger ein weitgehend unabhängiges, selbstständiges Leben geführt.

Wann immer die Rede auf das Alter und einen allfälligen Eintritt in ein Altersheim kam, lachte sie schallend. Ihr einziger Kommentar dazu lautete während vieler Jahre: »Das hat noch viel, viel Zeit.« Auch vorsichtige Hinweise ihrer Umgebung, sie könne sich doch wenigstens einmal einige Heime anschauen und sich vielleicht provisorisch anmelden, stießen bei Frau Steiger auf heftige Ablehnung. Selbst noch kurz vor ihrem 80. Geburtstag fand sie, als die jüngere Tochter das Gespräch auf das Thema Altersheim brachte, es sei doch wohl absurd, in ihrem Alter und bei ihrem Gesundheitszustand »schon« vom Altersheim zu reden. Sie sei doch nicht wie die anderen betagten Freundinnen, die sie von Zeit zu Zeit in einem Heim besuchte.

Tatsächlich schien die Frage, wo Frau Steiger im hohen

Alter leben würde, in keiner Weise aktuell zu sein. Sie wohnte nach wie vor in ihrem Einfamilienhaus am Rande der Stadt und hatte für den Haushalt und für die Putzarbeiten eine Frau, die dreimal in der Woche kam, und für den Garten einen Gärtner, der für das Rasenmähen und die Pflanzen zuständig war. Die übrigen anfallenden Arbeiten konnte Frau Steiger ohne Mühe selbst erledigen. Sie hatte einen großen Bekannten- und Freundeskreis und pflegte den Kontakt zu ihren Töchtern und deren Familien sowie zu anderen Verwandten, die in der Nähe lebten.

Trotz der Hilfe, die Frau Steiger durch die Frau hatte, die ihr den Haushalt versorgte und für sie putzte, war es notwendig, dass die Töchter in dieser Zeit täglich nach ihr schauten. Sie taten dies einerseits, weil sie wussten, dass ihre Mutter dies sehr schätzte. Andererseits aber besuchten sie sie auch zu ihrer eigenen Beruhigung regelmäßig und riefen täglich bei ihr an; denn die Töchter machten sich Sorgen, es könne der Mutter etwas passieren und sie liege dann hilflos in ihrer Wohnung, bis am nächsten Tag die Frau käme, die den Haushalt besorge.

Diese Besuche und Telefonanrufe bedeuteten für die Töchter eine erhebliche Belastung, da sie nun neben der Versorgung ihrer eigenen Familien auch noch die Pflege der Mutter zu leisten hatten. Die eine Tochter spürte dies besonders stark, weil eines ihrer Kinder in dieser Zeit fast jede Nacht nach den Eltern rief, wenn es voller Angst aus einem Alptraum erwacht war. Diese Tochter hatte dadurch ein Schlafdefizit und fühlte sich durch die Besuche und Telefonanrufe bei der Mutter außerordentlich belastet.

Erste Irritationen wurden für Frau Steiger selbst und ihre Töchter spürbar, als sie im Alter von 85 Jahren gelegentlich Schwäche und Schwindel erlebte. Sie klagte nicht darüber und erklärte sich diese Zustände als »kleine Unpässlichkeiten«. Hinweise ihres Umfeldes, dies seien Altersbeschwerden, mit denen sie rechnen müsse und die nicht plötzlich wieder verschwänden, wies sie schroff zurück. Als der Hausarzt Frau Steiger ein Medikament zur »besseren Durchblutung« und Vitaminpräparate verordnete, verkündete Frau Steiger ihrer Umgebung fast triumphierend, es sei eben doch eine »akute Erkrankung«, die mit Hilfe der Medikamente geheilt werde. Dann werde sie wieder »die Alte« sein. Die Töchter schmunzelten bei dieser Formulierung über die – von der Mutter selbst nicht wahrgenommene – Doppeldeutigkeit der Worte, sie werde »die Alte« sein.

Die weitere Entwicklung schien indes Frau Steiger recht zu geben: Sie fühlte sich nach einigen Wochen wieder wohl und, wie sie einer Freundin voller Stolz sagte, »kräftig wie eh und je«. Obschon die Töchter aufatmeten, dass – wenigstens vorerst – keine akute Notsituation entstanden war, blieb ihre Sorge bestehen, wie lange die Mutter noch in ihrem Haus werde leben können.

Da Frau Steiger den Wunsch geäußert hatte, sie wolle gerne wieder einmal eine Opernaufführung in der Arena von Verona besuchen, schenkte ihr eine Tochter zum Geburtstag die Reise, den Hotelaufenthalt und die Opernkarte und bot an, die Mutter auf dieser Reise zu begleiten. Frau Steiger war begeistert und freute sich vor allem, weil es eine Aufführung von Verdis »Aida« war, die sie schon einmal vor vielen Jahren zusammen mit ihrem Mann in der Arena gesehen hatte. Die Hinreise verlief ohne Schwierigkeiten. Frau Steiger erwähnte zwar beim Unsteigen in Mailand, dass die Wärme ihr ziemlich zusetze und ihr etwas schwindlig sei, beruhigte aber die Tochter und sich selbst mit dem Argument, sie müsse sich halt erst einmal an die südlichen Temperaturen gewöhnen.

Die Opernaufführung in der Arena genoss Frau Steiger in vollen Zügen. Doch am folgenden Morgen klagte sie über Schwäche und Schwindelgefühle und sackte, als sie aus dem Bett aufstand, plötzlich, wie vom Blitz getroffen, in sich zusammen. Glücklicherweise konnte sie sich noch mit einer Hand abstützen, so dass sie sich keine Verletzungen zuzog. Die herbeieilende Tochter versuchte ihr wieder auf die Beine zu helfen, doch vergeblich. Die Beine versagten Frau Steiger den Dienst. Ein herbeigerufener Arzt diagnostizierte einen »Schwächeanfall infolge von Überanstrengung« und riet, den Aufenthalt in Verona um zwei Tage zu verlängern, bis Frau Steiger wieder so weit zu Kräften gekommen sei, dass sie ohne Risiko die Rückreise antreten könne.

Tatsächlich erholte sie sich relativ schnell, so dass Mutter und Tochter bereits nach zwei Tagen wieder in die Heimatstadt zurückreisen konnten. Obwohl Frau Steiger sich den Anschein zu geben versuchte, ihr gehe es gut, spürte die Tochter, dass die Mutter nach wie vor sehr geschwächt war und sich nur mit Mühe auf den Beinen halten konnte. Zusammen suchten sie nach der Rückkehr den Hausarzt auf, der, wie sein italienischer Kollege, zu Ruhe und Schonung riet und erstmals von sich aus die Frage ansprach, ob Frau Steiger sich schon einmal Gedanken darüber gemacht habe, wo sie leben wolle, wenn ein Verbleib im eigenen Haus nicht mehr möglich sei.

Frau Steiger reagierte sichtlich schockiert auf diese Frage und wies jeglichen Gedanken an einen Heimeintritt vehement zurück. Der jetzige Zustand sei doch lediglich die Folge der anstrengenden Reise, sie werde bald wieder zu Kräften kommen und sehe keinerlei Grund, »jetzt plötzlich in Panik zu geraten« und ihr bisheriges selbstständiges Leben im eigenen Haus aufzugeben. Der Hausarzt wiederholte mit ernstem, speziell auch an die Tochter gerichtetem Blick seinen dringenden Appell, Frau Steiger möge sich doch bald konkreter mit der Frage eines Heimeintritts beschäftigen.

Diese Hinweise hatten indes keine positive Wirkung auf seine Patientin. Als sie wieder zu Hause angekommen waren, teilte Frau Steiger der Tochter dezidiert mit, sie wolle über »dieses leidige Thema« nicht mehr verhandeln. Der

»kleine Schwächeanfall« werde vom Hausarzt »aufgebauscht«. In wenigen Tagen werde es ihr wieder gutgehen.

Am folgenden Tag erhielten die Töchter einen Anruf der Frau, die der Mutter den Haushalt besorgte: Als sie am Morgen gekommen sei, habe sie Frau Steiger mit einer stark blutenden Wunde am Kopf vor ihrem Bett liegend gefunden. Frau Steiger sei selbst mit ihrer Hilfe nicht in der Lage gewesen aufzustehen. Sie habe sie ins Bett gelegt und den Hausarzt angerufen, er möge so schnell wie möglich kommen. Die Töchter eilten zur Mutter und trafen dort den Hausarzt an, der eben die Untersuchung seiner Patientin abgeschlossen hatte.

Mit ernster Miene eröffnete er ihnen, dass jetzt leider das eingetreten sei, was er seit längerem befürchtet und worauf er gerade gestern wieder hingewiesen habe. Es sei kein banaler Schwächeanfall, sondern ein sich seit längerer Zeit anbahnender Zusammenbruch, der sich, wenn überhaupt, nur im Rahmen einer längerfristigen Rehabilitation auffangen lasse. Er werde Frau Steiger jetzt zunächst in ein Akutkrankenhaus einweisen, damit die Wunde versorgt und eine gründliche körperliche Untersuchung vorgenommen werden könne. Auf die bange Frage von Frau Steiger, wie lange sie denn im Krankenhaus werde bleiben müssen, eröffnete der Arzt ihr und den Töchtern, dass nach seiner Einschätzung kaum die Chance bestehe, dass sie nach dem Aufenthalt im Krankenhaus wieder in das eigene Haus zurückkehren könne. Man müsse deshalb schnellstens schauen, wo ein Platz in einem Pflegeheim frei sei.

Frau Steiger war über diese Mitteilung sichtlich schockiert und äußerte voller Verzweiflung, das sei doch nicht möglich, dass sie so »Knall auf Fall« ihr Haus verlassen solle. Es sei doch nichts vorbereitet. Und wer solle denn alles räumen? Außerdem wolle sie nicht in »irgendein« Heim, sondern, wenn überhaupt, in ein bestimmtes, hotelähnliches Wohnheim, in dem eine ihrer Freundinnen seit einigen Jahren lebe. Die Möglichkeit, selber zu wählen, bestehe wohl kaum angesichts der Tatsache, dass sie in diesem Heim nicht angemeldet sei, entgegnete der Arzt. Gerade das von Frau Steiger genannte Heim sei sehr begehrt und führe deshalb lange Wartelisten. Ein notfallmäßiger Eintritt dort sei nach seiner Erfahrung ausgeschlossen. Frau Steiger müsse nach dem Krankenhausaufenthalt wahrscheinlich nehmen, was man ihr anbiete.

Tatsächlich stellte sich während des Krankenhausaufenthaltes heraus, dass das von Frau Steiger gewünschte Heim ihr keinen Platz zur Verfügung stellen konnte. Die für die Platzierungen in Alters- und Pflegeheimen zuständige Sozialarbeiterin des Krankenhauses war froh, als sie schließlich ein am Stadtrand gelegenes Heim fand, das auf der Pflegeabteilung einen freien Platz hatte, allerdings nur in einem Dreibettzimmer. Frau Steiger, der es nach einigen Tagen wieder etwas besser ging, die sich aber nach wie vor nicht auf den Beinen halten konnte, war über diese Mitteilung völlig verzweifelt. Unter Tränen klagte sie den Töchtern, man wolle sie jetzt in ein Heim »abschieben«. Wie solle sie es mit zwei anderen Personen im gleichen Zimmer aushalten? Sie habe immer ein selbstständiges Leben geführt, und ihre Unabhängigkeit sei ihr von jeher das Wichtigste im Leben gewesen. »Und nun das! Total abhängig von anderen. Am Ende fährt man mich noch im Rollstuhl umher. Nein, nein und nochmals nein!«

Da keine Alternativen bestanden, musste nach fünftägigem Aufenthalt im Krankenhaus die Verlegung in das Pflegeheim erfolgen. Grollend fügte sich Frau Steiger dieser Situation und klammerte sich an die Hoffnung, ihr Zustand werde sich »sicher« innerhalb kurzer Zeit so weit verbessern, dass sie wieder in ihr Haus zurückkehren könne. Auch wenn dies eine Illusion zu sein schien, wirkte sich das Ziel, die Pflegestation so bald wie möglich wieder zu verlassen, insofern positiv aus, als Frau Steiger mit einer unglaub-

118

lichen Energie in der Physiotherapie mitarbeitete und unermüdlich die ihr vorgeschlagenen Übungen durchführte. Zum Erstaunen der Umgebung gelang es ihr innerhalb der nächsten zwei Monate, wenigstens mit Gehhilfen einige Schritte zu gehen. Dieser Erfolg gab Frau Steiger großen Auftrieb und verstärkte die Hoffnung, doch wieder in das eigene Haus zurückkehren zu können. Doch zeigte sich bald, dass dies nicht möglich sein würde, da sie trotz aller Fortschritte auf permanente Hilfe angewiesen war.

Auf Drängen der Mutter erklärten sich die Töchter bereit, nach einem anderen Heim Ausschau zu halten, in dem Frau Steiger wenigstens ein Einzelzimmer beziehen könne – »auch wenn es ja wahrscheinlich nur für kurze Zeit nötig sein wird, noch im Heim zu bleiben«, hatte Frau Steiger hinzugefügt.

Es war ein Glücksfall, dass ein anderes Alten- und Pflegeheim durch die Eröffnung eines neuen Traktes freie Plätze hatte und Frau Steiger das Angebot erhielt, dort zunächst noch einmal in einem Zweibettzimmer untergebracht zu werden, mit der Aussicht, nach einigen Monaten ein Einzelzimmer beziehen zu können. Den Töchtern fiel ein Stein vom Herzen, weil dies eine für die Mutter wenigstens einigermaßen akzeptable Lösung war.

Auch in der neuen Umgebung setzte Frau Steiger die Arbeit mit der Physiotherapeutin mit größtem Eifer fort und war nach sieben Monaten tatsächlich in der Lage, sich mit einem Rollator weitgehend selbstständig zu bewegen. An eine Rückkehr in das eigene Haus war indes nicht zu denken. Dies wäre höchstens möglich gewesen, wenn eine Pflege rund um die Uhr garantiert gewesen wäre, was aus finanziellen Gründen aber nicht möglich war. Zudem befürchteten die Töchter, dass die Mutter im eigenen Haus zunehmend vereinsamt wäre, während sie im Heim eine Fülle von Anregungen und vielfältige Kontaktmöglichkeiten hatte.

Die geschilderte Situation von Frau Steiger ist keineswegs selten. Man muss sogar sagen, dass sie heute beinahe die Regel ist. Viele ältere Menschen weisen den Gedanken an den Eintritt in ein Heim weit von sich und schieben die konkrete Planung und die Anmeldung immer wieder hinaus. Frau Steigers Äußerung »Das hat noch viel, viel Zeit« ist typisch für viele Betagte.

Angesichts der heutigen guten medizinischen Versorgung fühlen sich viele 70- und 80-Jährige sehr wohl und können gut in der eigenen Wohnung leben (nach umfangreichen Erhebungen in Deutschland sind bei den über 75-Jährigen knapp 80 Prozent voll selbstständig). Ermöglicht wird dies nicht zuletzt auch durch die tatkräftige *Unterstützung durch Töchter und Schwiegertöchter* (äußerst selten werden diese Funktionen von Söhnen oder Schwiegersöhnen erfüllt), die dadurch mitunter aber, wie es die Töchter von Frau Steiger erleben, in eine sie sehr belastende Situation geraten, weil sie neben ihren eigenen Familien noch die betagten Angehörigen versorgen. Diese Frauen der jüngeren Generation geraten oft in eine »Sandwich-Position« zwischen ihren eigenen Familien und den betagten Angehörigen und sind damit einer *Doppelbelastung* ausgesetzt.

Wie die Töchter von Frau Steiger spüren viele dieser Frauen häufig, dass sie an die Grenzen ihrer Belastbarkeit geraten. Dies gilt insbesondere dann, wenn irgendwelche zusätzliche Belastungen auftreten. Im Fall der einen Tochter von Frau Steiger ist es das nächtliche Erwachen eines Kindes mit dem daraus resultierenden Schlafmanko der Mutter. Es können im Fall von berufstätigen Frauen aber auch eine berufliche Mehrbelastung, Konflikte am Arbeitsplatz und zusätzliche berufliche Verpflichtungen sein, die das mühsam aufrechterhaltene Gleichgewicht zusammenbrechen lassen. Oft drängt sich – letztlich auch als Selbstschutz der

Töchter und Schwiegertöchter – in dieser Situation der Heimeintritt der betagten Angehörigen auf.

Dadurch, dass Töchter und Schwiegertöchter ihre betagten Angehörigen zu Hause versorgen und regelmäßig nach ihnen schauen, entsteht und verfestigt sich selbst bei hochbetagten Menschen oft die Vorstellung, der Eintritt in ein Heim liege – wenn er überhaupt nötig werde – in weiter Ferne. Dies birgt vor allem zwei Gefahren in sich: Zum einen wird das ganze Thema des Autonomieverlusts und des Abschiednehmens vom unabhängigen, eigenständigen Leben ausgeblendet und damit die Vorbereitung auf diese Lebensphase be- und mitunter sogar total verhindert. Zum anderen wird der nicht eingeplante und die Betagten völlig unvorbereitet treffende Heimeintritt, wie Frau Steiger es erlebt, zu einer schockartigen, sie zutiefst erschütternden und verunsichernden Erfahrung.

Außerdem hat die am Beispiel von Frau Steiger geschilderte mangelnde Vorbereitung auf den Heimeintritt zur Folge, dass in der akuten Notsituation in kürzester Zeit ein Pflegeplatz gesucht werden muss und die Betagten Bedingungen akzeptieren müssen, die ihnen absolut nicht behagen. Frau Steiger hat in allem Unglück insofern noch Glück, als sie nach einigen Zwischenstationen schließlich doch noch ein Einzelzimmer in einem Heim findet, das wenigstens ungefähr ihren Ansprüchen genügt. Hätte sie sich indes frühzeitig mit dem Thema des Heimeintritts beschäftigt und sich bei der von ihr bevorzugten Institution angemeldet, hätte sie ohne große Probleme dort einen Platz erhalten und wäre wesentlich zufriedener gewesen.

In diesem Zusammenhang erhebt sich die Frage, inwieweit Angehörige und Professionelle (zum Beispiel Hausärztinnen und Hausärzte) Einfluss auf die Vorbereitung auf den Heimeintritt nehmen können und nehmen sollten. Was Frau Steiger betrifft, haben die Töchter und verschiedene Bekannte zwar immer wieder einmal das Thema »Heim«

angesprochen, sind damit aber bei Frau Steiger auf heftige Ablehnung gestoßen. Einerseits ist klar, dass wir Betagte nicht bevormunden und ihnen nicht vorschreiben dürfen, wie sie zu leben haben. Sie sind erwachsene Menschen, die ihr Leben eigenständig führen und selbst für sich verantwortlich sind. Wenn Gespräche über einen allfälligen Heimeintritt geführt werden, kann es dabei deshalb nur um eine Meinungsäußerung oder Empfehlung gehen, die vom Umfeld formuliert wird. Andererseits tragen Angehörige und andere Nahestehende aber auch ein Stück weit mit Verantwortung, wenn sie spüren, dass das Thema des Lebens in einer Institution ansteht und die Betagten ihm immer wieder ausweichen.

Oft ist es allerdings nicht in erster Linie Rücksicht auf die Gefühle des älteren Menschen, was dazu führt, dass Angehörige das brisante Thema nicht berühren, sondern der Wunsch, sich selbst nicht mit dem zunehmenden Autonomieverlust des Betagten und letztlich auch nicht mit der Endlichkeit seines – und des eigenen – Lebens zu konfrontieren. Auch wenn es eine Gratwanderung ist, ist es für alle Beteiligten das Beste, wenn der mögliche Heimeintritt nicht ein Tabuthema darstellt, sondern *in den Dialog zwischen dem älteren Menschen und seinen Bezugspersonen aufgenommen* wird. Gelingt dies, so können sich beide, die ältere wie die jüngere Generation, in konstruktiver Weise mit diesen Fragen auseinandersetzen und sich auf die Zukunft einstellen, ohne schockartig von den Ereignissen überfallen zu werden, wie Frau Steiger und ihre Töchter es erleben müssen.

Die Altersforschung zeigt denn auch, dass die Integration in die neue Umgebung wesentlich besser gelingt, wenn der Wechsel von der eigenen Wohnung ins Heim geplant ist und »freiwillig« und nicht, wie bei Frau Steiger, durch die Umstände erzwungen vollzogen wird. Der gleichsam in letzter Minute erfolgende, mitunter von dramatischen Ereignissen begleitete Eintritt ins Heim birgt die große Gefahr in sich, dass die Institution von vornherein und ausschließlich als negativ erlebt wird und für den Betagten geradezu zum Inbegriff des Autonomieverlusts wird.

Die Folge können Unzufriedenheit, depressive Verstimmungen, nörgelndes, das Heim und die dort Tätigen permanent kritisierendes und entwertendes Verhalten sein, letztlich Ausdruck der nicht gelingenden Trauerarbeit über die Einschränkungen an Autonomie und den Verlust von Lebensqualität. Tragischerweise wird durch diese Dynamik aber auch die Wahrnehmung und Gestaltung neuer Lebensperspektiven (durch die Fülle von Aktivitäten und Kontakten, die das Heim bietet) behindert, indem der Blick auf den Verlust eingeengt und fixiert bleibt, ohne die positiven Seiten des Lebens im Heim zu sehen.

Das Beispiel von Frau Steiger weist noch auf die wichtige Rolle hin, die im Alter und speziell in Situationen wie der beschriebenen der Hausarzt einnimmt. Es ist eine bekannte Tatsache, dass Betagte eine ungleich größere Anzahl von Arztkonsultationen benötigen als jüngere Menschen. Dies ist indes nicht nur durch die häufigeren Erkrankungen älterer Menschen bedingt, sondern hat vielfach andere Gründe: Mit zunehmendem Alter »verdünnt« sich in der Regel der Kreis von Bezugspersonen. Die Menschen der gleichen Generation sterben, und oft kommen keine oder nur wenige neue Bekannte hinzu. In dieser Situation zunehmender Einsamkeit stellen Hausärztinnen und Hausärzte für viele Betagte wichtige Bezugspersonen dar, zu denen sie über Jahre und Jahrzehnte intensive Kontakte unterhalten. Oft werden die Professionellen dadurch sogar zu wichtigeren Vertrauenspersonen als die nächsten Angehörigen (s. hierzu auch S. 103 ff.).

Gerade bei der Frage nach dem Eintritt in ein Alten- oder Pflegeheim kann der Hausarzt eine wichtige Rolle spielen, da er – oft früher als die Angehörigen – die Vorboten und ersten Anzeichen eines körperlichen Zusammenbruchs sieht und mit seinen betagten Patientinnen und Patienten die verschiedenen Möglichkeiten anderer Wohnformen im Alter diskutieren kann.

Das Beispiel von Frau Steiger zeigt zwar, dass auch der Einfluss des Hausarztes mitunter begrenzt ist und seine Interventionen im Hinblick auf den Eintritt in ein Altenheim mehr oder weniger wirkungslos sein können. Als langjähriger Begleiter, zu dem die Patientinnen und Patienten ein Vertrauensverhältnis aufgebaut haben, und kraft seiner ärztlichen Kompetenz kann er jedoch oft wichtige Motivationsarbeit leisten und in einer Notfallsituation, wie bei Frau Steiger, schnell eingreifen, indem er die Einweisung in ein Krankenhaus vornimmt und – insbesondere auch verbal, gegenüber der oder dem Betagten – die danach nötig werdende direkte Verlegung in ein Pflegeheim unterstützt.

Bei der Schilderung des früheren Lebens und der Persönlichkeit von Frau Steiger habe ich darauf hingewiesen, dass sie von jeher eine selbstständige und sehr aktive Frau war. Aus diesem Grund hat sie ja auch gleichsam bis zur letzten Minute jegliche Diskussion über den Eintritt in ein Altenheim abgelehnt. Es wäre indes eine allzu einseitige, der Realität nicht gerecht werdende Sicht, wenn man diese Haltung nur als negativ bewerten würde.

Die Entwicklung, die Frau Steiger nach ihrem Eintritt in das Pflegeheim durchläuft, lässt die positive Seite ihres »eisernen Willens«, wie sie ihn selbst immer wieder betont hat, erkennen. Selbstverständlich können wir die körperlichen Kräfte und Funktionen nicht allein mit dem Willen steuern. Der entschiedene Wunsch und die *Entschlossenheit*, unter allen Umständen »wieder auf die Beine zu kommen«, können aber einen wichtigen *Motor für eine günstig verlaufende Rehabilitation* darstellen. Umgekehrt können Resignation und eine ängstlich-fatalistische Haltung die Aktivierung und Wiedererlangung der körperlichen Kräfte bei älteren Menschen erheblich behindern, wenn nicht sogar gänzlich un-möglich machen.

Wenn Betagte nicht schon, wie Frau Steiger, von ihrer Grundpersönlichkeit her aktiv und initiativ sind und nach größtmöglicher Autonomie streben, ist es wichtig, dass die professionellen wie die privaten Bezugspersonen diese Tendenzen stärken und den älteren Menschen *Mut zusprechen.* Dies bedeutet nicht, einseitig an ihren »Willen« zu appellieren und sie dadurch am Ende noch der Belastung durch ein schlechtes Gewissen, dass sie die Besserung ihres Befindens nicht zustande gebracht hätten, auszusetzen.

Den älteren Menschen Mut zuzusprechen und ihr Autonomiestreben zu stärken heißt vielmehr, ihnen dabei behilflich zu sein, ihre Kräfte ihren Möglichkeiten entsprechend einzusetzen und zu üben und sich dadurch den Grad an Unabhängigkeit zu bewahren, der ihnen möglich ist. Da mit zunehmendem Alter, vor allem bei den über 80- und 90-Jährigen, ohnehin ein mehr oder weniger großer Autonomieverlust eintritt und akzeptiert werden muss, ist es umso wichtiger, gerade in dieser Altersstufe die Selbstständigkeit so weit wie möglich zu erhalten und zu stärken.

Auch wenn der Eintritt in ein Pflegeheim bei etlichen Betagten unter ähnlich dramatischen Umständen erfolgt wie bei Frau Steiger, ist doch zu berücksichtigen, dass auch diese Situation die Chance eines Neubeginns in sich birgt und nicht nur als »missglückte Planung« und »verpasste Chance«, sich rechtzeitig auf das Alter vorzubereiten, interpretiert werden darf. Gewiss ist es eine ungünstige Bedingung, wenn der Schritt in das Pflegeheim durch einen körperlichen Zusammenbruch erzwungen wird und weder der ältere Mensch selbst noch seine Angehörigen sich auf diesen Schritt haben vorbereiten können. Wie das Beispiel von Frau Steiger zeigt, kann diese Situation aber bei den Betagten auch Kräfte freisetzen, die ihnen zwar nicht die Rückkehr in die eigene Wohnung ermöglichen, sie aber in der

Rehabilitation nicht zu erwartende Fortschritte erzielen lässt. Die Zwangslage, gegen den eigenen Willen in ein Pflegeheim eintreten zu müssen und in den körperlichen Funktionen massiv eingeschränkt zu sein, weckt mitunter Lebenskräfte, die zuvor nicht (mehr) spürbar waren, und wirkt der Resignation und dem fatalistischen Sich-fallen-Lassen entgegen, Haltungen, welche die Maßnahmen zur Rehabilitation erheblich behindern können. Der Wille, unbedingt wieder »auf die Beine zu kommen«, kann mitunter eine enorme Wirkung haben, auch wenn, wie oben ausgeführt, selbstverständlich körperliche Beeinträchtigungen allein mit dem Willen nicht aus der Welt zu schaffen sind. Der Wunsch, alles in der eigenen Macht Stehende zu tun, schafft aber eine positive, hoffnungsvolle Grundstimmung, die sowohl für die psychische als auch für die körperliche Befindlichkeit von großer Bedeutung ist.

Einen Neubeginn kann ein notfallmäßiger Eintritt in das Pflegeheim aber auch in der Hinsicht darstellen, dass diese Situation den betagten Menschen *zwingt*, sich mit seinem *bisherigen Lebenskonzept* und seinen *Bildern von sich selbst* und seinen *Erwartungen an sich selbst auseinanderzusetzen*. Gerade Krisensituationen bieten die Chance einer grundlegenden Reflexion der eigenen Situation und der bisherigen Lebensentwürfe. Gelingt den Betagten dies, so tun sich ihnen unter Umständen völlig *neue Lebensperspektiven* auf und es kann zu einer *Neuorientierung* kommen, bei der ganz andere Prioritäten gesetzt werden als in den früheren Lebensphasen.

Menschen wie Frau Steiger sehen sich beispielsweise der Notwendigkeit gegenüber, die Bedeutung, welche die körperliche Integrität und das körperliche Funktionieren für sie besitzen, kritisch zu überdenken und Trauerarbeit über den Verlust an Lebensqualität zu leisten. Es gilt für sie auch, sich darüber klar zu werden, ob und inwieweit sie ihr Gefühl von

Autonomie nur an der körperlichen Funktionsfähigkeit fest-machen sollten. Ferner stellt sich für diese Situation auch die Frage, ob nicht jetzt im Alter auch ganz andere Dimensionen, zum Beispiel die sozialen Kontakte und die Spiritualität, an Bedeutung gewinnen könnten und eine Zuwendung zu diesen Themen, die sie in der Vergangenheit vielleicht weitgehend vernachlässigt haben, ansteht.

Der notfallmäßige Eintritt ins Pflegeheim kann in dieser Hinsicht trotz des mit diesem Schritt verbundenen Leidens eine sich letztlich positiv auswirkende Herausforderung sein. Voraussetzung für eine konstruktive Entwicklung ist allerdings, dass die Betagten diese *Herausforderung annehmen und aktiv gestalten.*

Die schwierige Balance
zwischen Nähe und Distanz

Frau Buser ist vor einem Jahr im Alter von 82 Jahren in das Alten- und Pflegeheim eingetreten. Durch die Unterstützung ihrer Tochter konnte sie die letzten Jahre vor dem Heimeintritt noch in der eigenen Wohnung leben. Nach einer schweren Lungenentzündung hatte sich jedoch gezeigt, dass Frau Buser auf mehr Hilfe angewiesen war und dass ein Verbleiben in der eigenen Wohnung nicht mehr möglich war.

Schweren Herzens hatte Frau Buser sich entschlossen, ihre Wohnung aufzulösen und in das Heim einzutreten. Dabei war ihr zugute gekommen, dass sie sich schon vor etlichen Jahren bei diesem Heim angemeldet hatte und jetzt ein Platz frei geworden war. Das Einleben im Heim war ihr leichter gefallen, als sie selbst erwartet hatte, und schon bald fühlte sie sich dort recht wohl.

In einer Hinsicht fiel ihr das Leben im Heim indes recht schwer: Dies war der Verlust an Autonomie, da sie auf Pflege und Hilfe durch die dort tätigen Betreuerinnen und Betreuer angewiesen war und sich trotz des Einzelzimmers, das sie bewohnte, nie gänzlich zurückziehen konnte, wie es ihr in der eigenen Wohnung möglich gewesen war.

Da Frau Buser eine umgängliche, kommunikative Frau war, hatte sie keine Probleme im Umgang mit den anderen Pensionärinnen und Pensionären und auch ein gutes Verhältnis zum Personal. Seitdem sie spürte, dass sie in verstärktem Maße auf Hilfe durch Dritte angewiesen war, reagierte sie jedoch sehr sensibel auf Situationen, in denen ihr jemand Hilfe aufdrängte, die sie nicht brauchte, und ihr den Eindruck vermittelte, ihr werde nicht der gleiche Respekt wie früher entgegengebracht.

»Es mag übertrieben sein, aber ich sehe rot, wenn ich spüre, dass mich jemand nicht mehr für voll nimmt«, klagte Frau Buser ihrer Tochter. »Ich erwarte den gleichen Respekt wie in jüngeren Jahren. Ich bin doch nicht ga-ga und habe es mir ausdrücklich verbeten, dass Frau Wagner, eine unserer Betreuerinnen, mich kürzlich mit meinem Vornamen und ›Omi‹ angesprochen hat und mich doch wahrhaftig gefragt hat: ›Na, Mäuschen, wie geht's uns denn heute?‹ ›Für Sie bin ich immer noch Frau Buser und kein Mäuschen und keine Omi. Merken Sie sich das bitte!‹, habe ich ihr gesagt. Sie war beleidigt und hat irgendetwas gemurmelt, sie habe es doch nur gut mit mir gemeint, ich solle doch nicht so empfindlich sein. Aber eine solche Behandlung dulde ich nicht. Das kränkt mich zutiefst«, fügte Frau Buser mit Nachdruck hinzu.

Außerdem störe es sie, dass Frau Wagner ihr immer wieder ausführlich von ihrem Privatleben erzähle und sie mit Fragen nach ihrem bisherigen Leben und ihrer Familie bedränge. »Sie hat einfach kein Gespür dafür, wie weit sie gehen kann, und merkt nicht, dass ich keine privaten Gespräche mit ihr führen möchte«, klagte Frau Buser ihrer Tochter. »Ich finde es taktlos, sich über alle Grenzen hinwegzusetzen. Sie kommt mir einfach zu nahe und spürt nicht, dass ich das nicht will.« Sie habe es aus diesem Grund auch nicht gerne, wenn Frau Wagner ihr beim Duschen helfe oder sie bei der Körperpflege unterstütze. »Sie ist mir wegen ihrer Distanzlosigkeit körperlich unangenehm. Ich bin immer heilfroh, wenn mir eine andere Pflegerin hilft.«

Ein völlig anderes Gefühl habe sie im Umgang mit Frau Müller, einer anderen Betreuerin, berichtete Frau Buser ihrer Tochter einige Wochen später. Frau Müller sei eine sehr zurückhaltende, fast kühl wirkende Frau, die ihre Arbeit still verrichte. Sie sei freundlich, aber distanziert, bedränge sie nicht mit Fragen über ihr Privatleben und erzähle auch nichts von sich selbst. »Einige Bewohnerinnen mögen Frau

Müller überhaupt nicht und finden sie kalt und unpersönlich. Mir aber gefällt ihre Art, und ich bin immer froh, wenn sie Dienst hat und nicht diese unmögliche Frau Wagner.«

Einige Zeit später erzählte Frau Buser ihrer Tochter, dass sie zufällig mit Frau Berger, einer anderen Pensionärin, über die beiden sich so unterschiedlich verhaltenden Betreuerinnen ins Gespräch gekommen sei. Es habe sie total verblüfft, dass Frau Berger auf deren Art völlig anders als sie reagiere. Während Frau Berger Frau Müller als »eiskalt« empfinde, als Frau, »die ihren Job nur macht, um am Monatsende ihr Geld zu haben, ohne das geringste Interesse an den Pensionärinnen und Pensionären«, sei sie von Frau Wagner total begeistert. »Diese Frau tut nicht einfach ihre Arbeit, sondern nimmt Anteil an unserem Leben. Wir sind für sie wie eine große Familie. Das ist für mich eine engagierte Betreuerin, so sollten sie alle sein.«

Frau Buser war recht irritiert über diese unterschiedliche Einschätzung der beiden Betreuerinnen, denn sie war davon ausgegangen, dass alle Pensionärinnen und Pensionäre deren Verhalten in etwa gleich empfinden würden. »Du darfst nicht vergessen, dass ihr Pensionärinnen sehr unterschiedliche Persönlichkeiten seid, mit unterschiedlichen Erfahrungen und Vorstellungen von Beziehungen zu anderen Menschen«, gab die Tochter von Frau Buser zu bedenken. »Wo du den Eindruck hast, eine Betreuerin wie Frau Wagner komme dir zu nahe, empfindet Frau Berger offenbar diese Art als engagierte Zuwendung und Anteilnahme. Für eine Pensionärin wie Frau Berger ist demgegenüber eine Betreuerin wie Frau Müller kalt und unpersönlich, während du gerade ihre zurückhaltende Art schätzt und dich mit ihr viel wohler fühlst als mit Frau Wagner.«

»Da fällt mir ein«, entgegnete Frau Buser, »dass mir Frau Berger noch erzählt hat, dass sie zu Beginn ihres Aufenthaltes im Heim eine Betreuerin, die in ihrer Art ähnlich gewesen sei wie Frau Wagner, wie ich als aufdringlich und ihr zu nahe kommend erlebt habe. Das habe sich im Verlauf der Jahre jedoch geändert, und heute schätze sie gerade die starke Emotionalität, die Frau Wagner in den Beziehungen zu anderen Menschen zeige, und ihr direktes Zugehen auf die Pensionärinnen und Pensionäre. Sie spüre, dass ihr das heute guttue. Ich kann mir aber nicht vorstellen, dass sich das bei mir auch so ändern wird«, stellte Frau Buser dezidiert fest. »Ich mag es prinzipiell nicht, dass man mir respektlos begegnet und die Grenzen nicht einhält.«

Das Beispiel zeigt ein Problem auf, das sich in den Beziehungen zwischen älteren Menschen, insbesondere wenn sie zunehmend auf Hilfe von Dritten angewiesen sind, und den sie Betreuenden entwickeln kann. Es ist die Frage, wie viel Nähe und wie viel Distanz in diesen Beziehungen bestehen muss oder bestehen darf, damit die beiden an der Interaktion Beteiligten sich wohlfühlen. Wie die völlig unterschiedlichen Reaktionen der beiden Pensionärinnen Frau Buser und Frau Berger zeigen, lässt sich diesbezüglich keine Norm definieren. Was die eine als wohltuend und ihren Vorstellungen entsprechend empfindet, ist für die andere inakzeptabel und wird von ihr vehement abgelehnt.

Die Nähe-Distanz-Regulierung gilt indes nicht nur für die Beziehungen zwischen den älteren Menschen und den Professionellen, die sie betreuen und pflegen, sondern ebenso für die Interaktion zwischen den Betagten und ihren Familienangehörigen und Freunden.

Es mag banal klingen und könnte als selbstverständlich empfunden werden, aber ich möchte an dieser Stelle ausdrücklich darauf hinweisen, dass *Respekt* und *Taktgefühl* die Grundlage für den Umgang mit älteren Menschen sind. Gerade wenn die Betagten körperliche und/oder psychische

Einschränkungen aufweisen, besteht sonst die Gefahr, dass sie in einer sie entwertenden und kränkenden Weise behandelt werden. Frau Buser beschreibt dieses »Nicht-für-voll-genommen-Werden« anschaulich durch die Schilderung der Episode, bei der die Betreuerin sie mit »Mäuschen« und »Omi« ansprach. Sie ist eine couragierte, durchsetzungsfähige Frau und hat sich deshalb auch sofort gewehrt.

Aber längst nicht alle älteren Menschen trauen sich, professionellen Pflegepersonen oder Angehörigen, mit denen sie Tag für Tag zusammentreffen und auf deren Hilfe sie angewiesen sind, so klar und deutlich wie Frau Buser die Grenzen aufzuzeigen. Hier ist von den Betreuenden zu erwarten, dass sie den Betagten mit ebenso viel Respekt, Taktgefühl und Höflichkeit begegnen, wie sie es anderen Menschen gegenüber tun.

Die Szene, in der Frau Wagner Frau Buser mit »Mäuschen« und »Omi« ansprach, ist auch insofern interessant, als sie zeigt, dass es trotz der beschriebenen Abhängigkeit, in der die Pensionärinnen und Pensionäre von den sie Betreuenden leben, wichtig ist, dass sie auch im Alter, unabhängig von ihrem körperlichen und psychischen Befinden, ihr Selbstbewusstsein behalten und sich dessen bewusst sind, dass sie ein *Recht* darauf haben, *Respekt einzufordern* und als erwachsene, »vollwertige« Person wahrgenommen und behandelt zu werden. Frau Buser drückt dies mit den Worten aus, sie sei doch nicht »ga-ga«, sie erwarte den gleichen Respekt wie in jüngeren Jahren.

Letztlich sehen sich alle Menschen in Beziehungen mit der Frage konfrontiert, wie ihre eigenen Bedürfnisse und die ihrer Partnerinnen und Partner im Hinblick auf Nähe und Distanz aussehen. Wichtig ist dabei, sich darüber im Klaren zu sein, dass sich in dieser Hinsicht keine allgemeingültigen Antworten formulieren lassen. Welche Nähe Menschen gegenseitig zulassen und wie viel Distanz sie benötigen, hängt von einer Reihe von Faktoren ab, so von der *Qualität* der Beziehung (zum Beispiel: ist es eine nahe, von Vertrauen getragene Beziehung?), vom *sozialen Kontext*, in den die Beziehung eingebettet ist (ist es eine professionelle oder private Beziehung?), und von den *individuellen Persönlichkeiten* der an der Beziehung Beteiligten (sind es Menschen mit starken Wünschen nach Nähe oder großen Bedürfnissen nach Distanz?).

Gerade weil die Nähe-Distanz-Regulierung ein so komplexes Phänomen ist und sich dafür keine allgemeingültigen Regeln definieren lassen, ist es wichtig, dass Professionelle, die in der Betreuung und Pflege anderer Menschen tätig sind, aber auch Angehörige *Sensibilität und Empathie für die betreute Person wie für sich selbst* entwickeln. Für den Umgang mit Betagten heißt dies: Es sind zum einen die *Wünsche* nach Nähe und Distanz *der älteren Menschen* zu erspüren und im Umgang mit ihnen zu beachten. Zum anderen müssen die *Professionellen* und die *Angehörigen ihre eigenen Wünsche* hinsichtlich Nähe und Distanz wahrnehmen und in der Interaktion berücksichtigen. Und schließlich müssen sich vor allem die Professionellen in der Pflege Betagter Rechenschaft darüber ablegen, dass sie mit einem bestimmten Verhalten *bei den Betagten Erwartungen wecken*, und sich fragen, inwieweit sie diese Erwartungen letztlich erfüllen können oder erfüllen wollen.

In der Betreuung und Pflege älterer Menschen entsteht eine für die Nähe-Distanz-Regulierung spezielle Situation dadurch, dass durch die körperliche Pflege, aber auch durch den engen täglichen Umgang miteinander eine besonders große Nähe entsteht. Hinzu kommt, dass das Leben in einem Alten- und Pflegeheim nur relativ wenig persönlichen Raum lässt. Die im Beispiel geschilderte Frau Buser hat sich beim Einleben in das Heim besonders daran gestoßen, dass sie sich hier nie wirklich total zurückziehen konnte.

Wie die im Beispiel dargestellte Situation und die unterschiedlichen Reaktionen der Pensionärinnen Frau Buser und Frau Berger auf das Verhalten der beiden Betreuerinnen zeigen, sind in solchen Beziehungskonstellationen die Nähe-Distanz-Bedürfnisse *beider* Interaktionspartner zu berücksichtigen.

Betrachten wir zunächst die Situation der *älteren Menschen.* Dabei ist zu bedenken, dass die *Bedürfnisse* hinsichtlich Nähe und Distanz bei verschiedenen Menschen *unterschiedlich* sein können. Frau Buser und Frau Berger sind Beispiele dafür, dass das gleiche Verhalten einer Bezugsperson, zum Beispiel die distanzierte Art von Frau Müller, ganz unterschiedlich erlebt wird: Frau Buser empfindet Frau Müller als angenehm in ihrer Zurückhaltung, während Frau Berger die gleiche Betreuerin als »kalt«, »unpersönlich« und nur auf ihren Verdienst bedacht erlebt. Die Unterschiede zwischen den Bedürfnissen nach Nähe und Distanz sind durch die *bisherigen Lebenserfahrungen* und die auf diese Weise entwickelte *Persönlichkeit* bedingt.

Allerdings stellt die Nähe-Distanz-Regulierung keine das ganze Leben lang konstante Größe dar, sondern wird beispielsweise von der körperlichen und psychischen Befindlichkeit beeinflusst. In Zeiten *körperlicher und psychischer Erkrankungen* sind viele Menschen nicht nur auf Hilfe durch Dritte angewiesen, sondern suchen auch die Nähe anderer Menschen oder sind zumindest froh, wenn sich ihnen eine ihnen vertraute Person intensiver zuwendet.

Umgekehrt gibt es aber auch Situationen, in denen zum Beispiel Menschen mit chronischen Beeinträchtigungen (im Hören, Sehen oder in der Beweglichkeit) sehr sensibel auf eine von ihnen nicht gewünschte – und nicht benötigte – Nähe reagieren. Dies gilt beispielsweise für Sehbehinderte, die verständlicherweise an einer Ampel nicht unvermittelt von einer fremden Person am Arm gepackt und über die Straße begleitet werden wollen. Ähnlich ist es für Rollstuhlfahrerinnen und -fahrer, die nicht nur erschreckt, sondern mit Recht auch verärgert reagieren, wenn sie spüren, dass plötzlich jemand den Rollstuhl von hinten zu schieben beginnt. Auch wenn solche Aktionen gut gemeint sein mögen, handelt es sich in beiden Fällen doch um eine eindeutige *Grenzverletzung.*

Neben der körperlichen und psychischen Befindlichkeit stellt auch das *Alter* einen Faktor dar, der die Bedürfnisse nach Nähe und Distanz beeinflusst. Es gibt Betagte, die im Alter infolge einer *Vereinsamung* ein besonders *großes Bedürfnis nach Nähe* entwickeln und dieses jetzt, im höheren Alter, so stark gewordene Bedürfnis in ihren Beziehungen zu Professionellen wie Angehörigen zum Ausdruck bringen. Umgekehrt gibt es andere Betagte, wie im dargestellten Beispiel Frau Buser, die wegen des Verlusts an Autonomie gerade im Alter eher eine *größere Distanz* benötigen, weil sie sich durch eine zu große Nähe bevormundet und nicht für »voll« genommen fühlen.

Betagte, die eine große Nähe suchen, werden von der Umgebung im Allgemeinen als freundlich, zugewandt und kommunikativ empfunden. Sie können aber auch auf Ablehnung stoßen, wenn ihre Wünsche nach Nähe von den Bezugspersonen als Forderung erlebt werden und die Professionellen oder die Angehörigen eine größere Distanz einhalten möchten.

Ältere Menschen mit einem größeren Distanzbedürfnis wirken mitunter auf ihre Umgebung abweisend und werden unter Umständen sogar als arrogant und unfreundlich bezeichnet. Umgekehrt kann eine distanzierte Haltung der Betagten von der Umgebung aber auch als angenehm und unaufdringlich und als Zeichen von Selbstständigkeit empfunden werden. So würde vermutlich die distanzierte Betreuerin Frau Müller Frau Buser als angenehme Pensionärin bezeichnen, während Frau Wagner sich durch das Distanzbedürfnis von Frau Buser zurückgewiesen und gekränkt fühlt.

Bei der Interaktion zwischen den Betagten und den sie

Betreuenden ist schließlich zu berücksichtigen, dass die Bedürfnisse hinsichtlich Nähe und Distanz auch dadurch beeinflusst werden können, dass die älteren Menschen *an den Professionellen Probleme abhandeln*, die *aus früheren Beziehungserfahrungen* stammen. So können die Professionellen von den Betagten beispielsweise wie die *eigenen Kinder* erlebt und behandelt werden. Dies ist eine Beziehungskonstellation, die sich wegen des Altersunterschieds leicht entwickelt.

Wünsche nach besonders großer Nähe gelten in diesem Fall den eigenen Kindern, die sie möglicherweise nicht erfüllen, und haben wenig mit den Betreuenden zu tun. Wenn die Professionellen diese Dynamik nicht beachten und die an sie gerichteten Wünsche nach Nähe »persönlich« nehmen, kann es zu massiven Konflikten zwischen ihnen und den Betagten kommen, wobei sich in solchen Fällen typischerweise beide Seiten missverstanden fühlen und gekränkt reagieren: Die Betagten fühlen sich »wieder einmal« zurückgewiesen, und die Professionellen empfinden die Wünsche nach Nähe als bedrängend und unangemessen.

Ich habe oben darauf hingewiesen, dass es bei der Nähe-Distanz-Regulierung in der Beziehung zu älteren Menschen nötig ist, die Bedürfnisse beider Interaktionspartner zu berücksichtigen. Es soll deshalb im Folgenden die Situation der *Betreuenden und Pflegenden* diskutiert werden. Auch bei ihnen müssen wir davon ausgehen, dass es, wie sich an den beiden geschilderten Betreuerinnen Frau Müller und Frau Wagner zeigt, Menschen mit *unterschiedlich ausgeprägten Wünschen nach Nähe und Distanz* gibt. Das Gleiche gilt für Angehörige, die pflegend und betreuend tätig sind.

Neben der *grundsätzlichen Einstellung* zu Nähe und Distanz gibt es bei den Betreuenden auch eine Reihe von Faktoren, die sich auf diese Bedürfnisse auswirken. Dies sind die *privaten Lebensumstände* (werden beispielsweise Wünsche nach Nähe dort erfüllt?), die *Zufriedenheit im Team* (wird etwa mangelnde Anerkennung durch Vorgesetzte oder Kolleginnen und Kollegen durch besondere Nähe zu Pensionären, von denen dann Dankbarkeit und Zuwendung erwartet wird, kompensiert?) und die *»Tagesform«* (zum Beispiel ein distanzierterer Umgang mit den Pensionärinnen und Pensionären bei Müdigkeit oder sich anbahnenden Erkrankungen).

Professionelle wie Angehörige, die *große Wünsche nach Nähe* zu den Betagten haben und artikulieren, werden oft als besonders engagiert, warmherzig und am Geschick der von ihnen Betreuten interessiert empfunden. Wenn eine solche Betreuungsperson (wie Frau Wagner) indes auf einen betagten Menschen wie Frau Buser trifft, entstehen Konflikte, da sich der ältere Mensch bedrängt fühlt und die Nähe als Grenzverletzung und Respektlosigkeit empfindet.

Professionelle und Angehörige mit einem *größeren Distanzbedürfnis* werden von der Umgebung oft als kühl, sachlich, mitunter sogar als kalt und am Befinden anderer Menschen uninteressiert empfunden. Diese Charakterisierung verwendet im dargestellten Beispiel etwa die Pensionärin Frau Berger. Beispielhaft für eine völlig andere Reaktion ist die Einschätzung von Frau Buser. Sie empfindet die gleiche Betreuerin, Frau Müller, keineswegs als desinteressiert und kalt, sondern als angenehm, zurückhaltend und respektvoll.

Wie auf Seiten der Betagten kann es auch auf Seiten der Betreuenden zu Beziehungskonstellationen kommen, die *aus früheren Beziehungserfahrungen* herrühren. So können die in der Regel – zum Teil sogar erheblich – jüngeren Betreuenden die älteren Menschen als Eltern oder Großeltern empfinden und ihre aus diesen Beziehungen stammenden Probleme an den Betreuten abhandeln. Es liegt auf der Hand, dass sich aus solchen Konstellationen eine für beide Interaktionspartner unheilvolle Situation entwickeln kann. Aufgabe der Professionellen ist es in diesem Fall, sich der zugrunde liegenden Dynamik bewusst zu werden und weder eine allzu große Nähe, welche die letztlich unerfüllbaren Wünsche nur noch stärker werden ließe, noch eine unangemessene Distanz herzustellen.

Aus den bisherigen Ausführungen könnte man den Schluss ziehen, für eine konfliktfreie Beziehung zwischen den Betreuenden und den älteren Menschen sei es am günstigsten, wenn *beide ungefähr die gleichen Bedürfnisse* nach Nähe und Distanz hätten. Dies trifft indes nur bedingt zu.

Gewiss wirkt es sich beziehungsstiftend aus, wenn zwei Menschen zusammentreffen, die beide einen eher distanzierten Umgang miteinander schätzen. Frau Buser und die Betreuerin Frau Müller sind ein Beispiel für eine solche Konstellation. Ebenso günstig kann es sein, wenn beide Interaktionspartner sich in einer von größerer Nähe geprägten Beziehung wohlfühlen. Solche positiven Konstellationen finden sich am ehesten, wenn die Wünsche nach Nähe und Distanz eine *mittlere Intensität* aufweisen und die Interaktionspartner Einfühlungsvermögen in ihr Gegenüber besitzen und dessen Bedürfnisse wahrnehmen und respektieren.

Wenn beide Interaktionspartner stärker ausgeprägte Bedürfnisse nach Nähe oder Distanz haben, kann es jedoch zu unheilvollen Entwicklungen kommen. Im Fall von *großen Wünschen nach Nähe* können in beiden, dem Betagten wie dem Betreuenden, *Fantasien* und *Hoffnungen* geweckt werden, die letztlich *nicht erfüllbar* sind oder zu einer Nähe führen, in der es zu *Grenzverletzungen*, bis hin zu sexuellen Übergriffen, kommen kann.

Diese Konstellation ist insofern besonders gefährlich, als sie den Interaktionspartnern suggeriert, dass eine immer größer werdende Nähe entstehen kann, ein unausgesprochenes Versprechen, das letztlich aber nicht eingehalten wird oder nicht eingehalten werden darf, damit es nicht zu Grenzverletzungen kommt. Deshalb ist in Beziehungen, in denen Betreuende und Betreute gleichermaßen große Wünsche nach Nähe artikulieren und realisieren wollen, von vornherein die Enttäuschung einprogrammiert. Die Folge kann ein gekränkter Rückzug der einen oder der anderen Person sein. Es kann auch zur Entwicklung von Eifersucht gegenüber Dritten kommen, denen sich einer der Interaktionspartner zuwendet und die tatsächlich oder auch nur vermeintlich mehr Nähe bekommen als die betreffende Person.

Die umgekehrte Konstellation, in der Betreuende und Betreute mit *gleichermaßen großen Bedürfnissen nach Distanz* zusammentreffen, könnte unproblematischer erscheinen. Aber auch diese Situation birgt Gefahren in sich, wenn sie von den Professionellen, den pflegenden Personen aus dem privaten Bereich oder einer ehrenamtlich tätigen Person nicht reflektiert und kontrolliert wird. Über längere Phasen der Betreuung mögen beide durchaus mit der Situation zufrieden sein. Es kann aber eine Zeit kommen, in welcher der Betreute aus gesundheitlichen oder lebensgeschichtlichen Gründen mehr Nähe benötigt und sich dann von der sehr distanzierten betreuenden Person zurückgestoßen und in seinen Bedürfnissen nicht wahrgenommen fühlt. Was anfangs (wie im dargestellten Beispiel die distanzierte, »sachliche« Beziehung zwischen Frau Buser und Frau Müller) von der betreuten Person als angenehm erlebt wird, kann sich später als Hindernis erweisen, wenn die betreuende Person unter anderen Bedingungen nun nicht mehr Nähe zulassen kann, sondern an der distanzierten Beziehungsform festhält.

In den Beziehungen zwischen älteren Menschen und den sie Betreuenden und Pflegenden im professionellen wie im privaten Bereich ist es wichtig, dass vor allem die Professionellen sehr genau auf die eigenen Nähe-Distanz-Bedürfnisse und auf die Wünsche der von ihnen Betreuten achten und sich der Konsequenzen ihres Verhaltens bewusst sind. In erster Linie geht es darum, dass die *Betagten optimal be-*

treut werden. Eigene Interessen und Wünsche der Betreuenden müssen hingegen zurückstehen und müssen in anderen Beziehungen gelebt werden. Wenn auf diese Weise eine letztlich für beide Interaktionspartner *gute Balance zwischen Nähe und Distanz* gefunden wird, kann dies für die älteren Menschen wie für die Betreuenden eine wichtige, sich konstruktiv auswirkende Erfahrung sein.

Das Alter, eine Zeit der Abschiede

Frau und Herr Steiner, sie 79, er 80 Jahre alt, waren bis vor kurzem körperlich und geistig gesund und sind den Menschen ihrer Umgebung als Beispiel dafür erschienen, dass das höhere Alter nicht zwangsläufig schwerwiegende körperliche Einbußen mit sich bringen müsse. Vor einigen Monaten ist Frau Steiner jedoch infolge immer wieder auftretender Schwindelattacken gestürzt und hat sich einen Oberschenkelhalsbruch zugezogen. Der Bruch ist zwar relativ schnell geheilt, die Schwindelattacken und eine daraus resultierende Gangunsicherheit bestanden jedoch weiterhin.

Frau Steiger nahm die Situation relativ gelassen. Ihr Mann aber schwebte permanent in Ängsten, sie werde noch einmal stürzen und sich so schwer verletzen, dass sie dauernd ans Bett gefesselt sein würde. Wenn sie sich aus ihrem Sessel erhob und in die Küche oder ins Badezimmer gehen wollte, sprang er sofort auf, um ihr dabei behilflich zu sein. Die Treppe in ihrem Einfamilienhaus ließ er sie nicht mehr alleine hinauf- oder hinuntergehen und wo immer sie sich bewegte stand er zumindest in unmittelbarer Nähe, um, wie er es formulierte, ihr »sofort zur Hilfe eilen zu können«, falls sie zu stürzen drohe.

Anfangs empfand Frau Steiner dieses Verhalten als rührende Besorgnis um sie und war ihrem Mann dankbar dafür, zumal er in früheren Jahren weit weniger fürsorglich gewesen war. Mit der Zeit aber wurde ihr die permanente Begleitung und seine dauernd spürbare Sorge um sie lästig, und sie bat ihn, sie doch nicht wie ein Kind, das eben laufen lernt, zu behandeln. Sie sei vorsichtig und werde es ihm mitteilen, wenn sie seine Hilfe benötige.

Trotz dieser klaren Worte änderte Herr Steiner sein Verhalten nicht. Er verstärkte es sogar noch, als Frau Steiner eines Morgens in der Dusche ausglitt und ihn um Hilfe rufen musste, weil sie alleine nicht wieder auf die Beine kam. Sie hatte sich zwar nicht verletzt, doch ließ ihr Mann sie von nun an überhaupt nicht mehr aus den Augen. »Ich halte das nicht mehr aus«, beklagte sie sich bei einer Freundin. »Er ist wie mein Schatten. Er lässt mich keine Minute aus den Augen. Früher ging er ab und zu für ein oder zwei Tage mit seinen Kollegen auf eine Wanderung. Jetzt sagt er alles ab und geht nur noch aus dem Haus, wenn ich dabei bin. Selbst als unsere Tochter angeboten hat, ein Wochenende bei mir zu verbringen, damit er eine kleine Reise machen könne, hat er das mit dem Argument abgelehnt, nur er wisse, wie mit mir umzugehen sei. Wenn er abwesend sei, wäre er permanent in Angst um mich und könne die Reise deshalb nicht genießen.«

Die Situation zwischen den Ehegatten wurde im Verlauf der nächsten Wochen und Monate immer angespannter. Sie entschlossen sich deshalb, psychotherapeutische Hilfe zu suchen. In den Gesprächen, die der Therapeut mit ihnen führte, zeigte sich, dass die extreme Kontrolle, die Herr Steiner über seine Frau ausübte, im Grunde ein altes Problem war. Früher hatte sich diese Dynamik auf der finanziellen Ebene artikuliert, indem er allein über die finanziellen Verhältnisse der Familie informiert war und nur er Zugang zu den Bankkonten hatte. Er gab seiner Frau monatlich das Geld für den Haushalt und verlangte von ihr am Monatsende jeweils eine genaue Abrechnung über die Ausgaben – die er sogar nachrechnete!

Da Frau Steiner in einer Familie aufgewachsen war, in der der Vater die Finanzen verwaltete, war ihr ein solches Verhalten zu Beginn ihrer Ehe nicht ungewöhnlich vorgekommen. Im Verlauf der Jahre hatte sie jedoch darauf gedrungen, auch Einblick in die finanziellen Verhältnisse der Familie zu erhalten, was ihr Mann ihr aber konsequent ver-

weigert hatte. Der Konflikt war nur deshalb nicht weiter eskaliert, weil Frau Steiner von ihren Eltern eine größere
Summe geerbt hatte und über dieses Geld allein verfügte. So
musste sie nicht für alle Sonderausgaben ihren Mann um
Erlaubnis fragen, sondern konnte von ihrem eigenen Geld
die Dinge kaufen, die sie haben wollte.

Diese von Beginn ihrer Ehe an bestehende Kontroll-
tendenz des Ehemannes hatte sich nun im Alter in Verbindung mit den Stürzen lediglich verlagert. Jetzt erfolgte die
Kontrolle nicht mehr in erster Linie auf der finanziellen
Ebene, sondern in noch extremerer Weise auf der Ebene der
permanenten Angst, Frau Steiner könne nochmals stürzen.
Da die Ehegatten spürten, dass ein Fortbestehen ihres Konflikts das Zusammenleben unerträglich machen würde, waren beide sehr motiviert, sich in der Psychotherapie mit dem
alten, nun aber in neuer Gestalt aufgetretenen Problem der
Kontrolle auseinanderzusetzen und es zu lösen.

Tatsächlich gelang es in den über ein halbes Jahr hin
geführten Therapiegesprächen, die Hintergründe des kon-
trollierenden Verhaltens von Herrn Steiner und der in der
Vergangenheit bestehenden Bereitschaft von Frau Steiner,
sich seiner Kontrolle zu fügen, aufzudecken und die Ehegatten einen neuen Umgang miteinander finden zu lassen.
Dies führte zu einer wesentlich entspannteren Situation.
Herr Steiner ging wieder von Zeit zu Zeit seinen Interessen auch außerhalb des Hauses nach, und Frau Steiner erlebte sich wieder – oder, wie sie in der letzten Therapie-
sitzung mit schelmischem Seitenblick auf ihren Mann sagte:
»zum ersten Mal in meiner Ehe« – als »vollwertig« und
in ihrer Autonomie respektiert. Ihr sei klar, fuhr sie fort,
dass sie körperlich eingeschränkt sei, und es falle auch ihr
nicht leicht, sich damit abzufinden. Aber die permanente
Sorge und Kontrolle ihres Mannes mache die Situation nur
noch schlimmer. Sie ziehe es vor, nochmals zu stürzen und
sich schwerwiegend zu verletzen, statt »mich durch dein

dauerndes Um-mich-Herumhüpfen wie in einem Käfig zu fühlen«.

Wenige Monate später verstarb Herr Steiner an einem Herzinfarkt. Dies war bei weitem nicht der erste Todesfall im näheren Umfeld von Frau Steiner. Ihre Eltern und ihre drei älteren Geschwister waren bereits vor etlichen Jahren gestorben. Auch eine größere Zahl von Verwandten lebte nicht mehr, und immer wieder hatte sie vor allem in den letzten Jahren Abschied von Freundinnen und Freunden aus ihrer Generation, mitunter sogar von jüngeren Menschen ihres Bekanntenkreises, nehmen müssen.

Diese Verluste hatten sie stets sehr getroffen. Solange ihr Mann noch lebte, hatte sie diese Todesfälle jedoch einigermaßen verkraftet. Mit seinem plötzlichen Tod brach für sie nun eine Welt zusammen, zumal sie ohne ihn nicht länger allein in ihrem Haus bleiben konnte und der Eintritt in ein Altenheim notwendig wurde. »Das Alter ist schon eine schwierige Zeit«, klagte sie eines Tages ihrer Tochter. »Da heißt es immer und immer wieder Abschied nehmen. Die Kräfte verlassen einen, die Menschen, die man liebt, gehen davon und man bleibt allein zurück. Gut, dass ich dich, deinen Mann und eure Kinder habe. Aber irgendwann werde ich dann auch selbst Abschied von euch nehmen müssen«.

Das höhere Alter ist eine Lebensphase, die tatsächlich stark vom Abschiednehmen geprägt ist. Wie Frau Steiner es ausdrückt, ist es der *Abschied von den bisherigen Kräften, der Abschied von nahestehenden Menschen und schließlich der Abschied vom eigenen Leben.* Man könnte sagen, dass diese Lebensphase dadurch eine traurige, deprimierende Zeit ist, da Abschiede von etwas, das man lieb gewonnen hat, stets schmerzlich sind. Dennoch liegen auch in dieser Lebensphase *Chancen*, die es zu erkennen und zu nutzen gilt, wenn das höhere Alter zu einer positiv erlebten Zeit werden soll.

Frau Steiner nennt unter den Bereichen, in denen es um ein Abschiednehmen geht, den der *sozialen Beziehungen*. Viele Gleichaltrige leben nicht mehr, und nun ist auch noch ihr Mann verstorben. Dies ist eine Erfahrung, die alle älteren Menschen machen, indem sie immer wieder und mit jedem Lebensjahr häufiger von Menschen der eigenen Generation, die sterben, Abschied nehmen müssen.

Die »Verdünnung« des Kreises von Bezugspersonen durch den Tod Gleichaltriger ist eine Erfahrung, die alle älteren Menschen machen. Im Grunde beginnt dieser Prozess des Abschiednehmens aber bereits mit dem *Tod der Vorgeneration*. Der Verlust der Eltern ist für die meisten Menschen eine einschneidende Erfahrung. Spätestens in diesem Moment wird klar, dass die Angehörigen der folgenden Generation sich nicht mehr im »Kind«-Status befinden, sondern jetzt selbst zur Eltern- und bald sogar schon zur Großelterngeneration gehören.

Diese Lebensphase stellt oft einen schmerzlichen Einschnitt dar, weil mit dem Verlust des »Kind«-Status Sicherheit und die Möglichkeit, sich auf die Elterngeneration zu stützen, verloren gehen. Die Verunsicherung betrifft zum einen die *psychische Dimension*. Trotz mancher Generationenkonflikte sind für viele Menschen die Eltern doch diejenigen, bei denen sie sich in Krisensituationen und bei wichtigen Entscheidungen Rat holen. Oft sind es Themen, die mehr oder weniger direkt mit der Familie zusammenhängen und die sie deshalb nicht gerne mit Außenstehenden diskutieren. Häufig sind die Eltern aber auch wichtige Ansprechpartner, weil sie im Erleben der folgenden Generation, solange sie leben, »Eltern« im Sinne der Beschützenden und der im Leben Erfahrenen bleiben, auch wenn die »Kinder« längst selbst Eltern geworden sind.

Die Verunsicherung durch den Tod der Eltern betrifft neben dieser psychischen Dimension zum anderen oft auch den *materiellen Bereich*. Nicht selten nämlich unterstützen Eltern in der einen oder anderen Weise und in verschiedenen Krisensituationen ihre Kinder zumindest phasenweise auch finanziell. Sie stellen damit mitunter für die Kinder eine Instanz dar, an die sie sich »in letzter Not« wenden können.

Es wäre indes eine einseitige Sicht, diese Zeit des Abschiednehmens von der Elterngeneration lediglich als schmerzliche Verlusterfahrung zu verstehen. Es ist vielmehr eine Lebensphase, die auch eine positive *Herausforderung für die Selbstständigkeit und Selbstverantwortung* der Kindergeneration darstellt. Sich nicht mehr auf die Vorgeneration stützen zu können birgt in sich die Möglichkeit, wichtige *Reifungsschritte* auf dem Weg des persönlichen Wachstums zu tun. Durch den Verlust der Eltern werden die Kinder auf sich selbst zurückgeworfen. Dies muss aber nicht Verlassenheitsgefühle und Hilflosigkeit zur Folge haben, sondern kann zur Erfahrung führen, sein Schicksal selbst in die Hand nehmen zu können und fähig zu sein, sein Leben eigenständig zu führen. So kann die Erfahrung des Verlusts zu einer das Selbstvertrauen in die eigenen Kräfte stärkenden Erfahrung werden.

Ob bewusst wahrgenommen oder nicht, rückt mit dem Tod der Vorgeneration allerdings auch der *eigene Tod* ein Stück näher. Oft ist es vor allem dieses *memento mori*, das den Verlust der Eltern so schwierig macht. Selbst in die Eltern- und später in die Großelterngeneration aufzurücken bedeutet, dem eigenen Tod ein großes Stück nähergekommen zu sein. So beängstigend dies für manche Menschen sein mag, liegt gerade darin aber auch die große Chance, sich grundsätzlichen, *existenziellen Fragen* nach dem eigenen Lebenskonzept und dem, was einem im Leben wirklich wichtig ist, zu stellen. Auch spirituelle Fragen können in dieser Zeit aufbrechen und zu einer Vertiefung des Erlebens und zu wichtigen Reifungsschritten führen.

Dabei darf natürlich nicht übersehen werden, dass sich mit dem Tod der Vorgeneration der Kreis von – wichtigen – Bezugspersonen tatsächlich »verdünnt«. Zu dieser Generation gehören ja nicht nur die Eltern, sondern auch andere Verwandte, die in der Vergangenheit oft eine wichtige Funktion für die Kinder erfüllt haben.

Der Abschied von diesen nahestehenden Menschen ist ein schmerzlicher Prozess. Er gemahnt aber zugleich daran, dass es gilt, einen *altersmäßig durchmischten Freundes- und Bekanntenkreis* zu pflegen und sich nicht nur auf Menschen der eigenen Generation zu konzentrieren. Im Grunde ist dies völlig »natürlich«, wie ja auch in Familien Menschen verschiedener Generationen zusammenleben. Betagte, die sich vehement darüber beklagen, sie fühlten sich mit zunehmendem Alter immer einsamer, weil so viele Gleichaltrige gestorben seien, sollten diese Gefühle als *Warnzeichen* verstehen, dass sie sich *allzu einseitig auf Menschen der eigenen Generation ausgerichtet* haben.

Gewiss fällt die altersmäßige Durchmischung des Freundes- und Bekanntenkreises älteren Menschen nicht einfach in den Schoß. Es bedarf der *eigenen Aktivität* und vor allem der *Bereitschaft*, sich auf Kontakte zu jüngeren Menschen einzulassen. Neben der Pflege der familiären Beziehungen zu Verwandten der Kinder- und Enkelkindergeneration bieten Vereine und die verschiedenen Aktivitäts- und Interessengruppen die Möglichkeit, Kontakte zu Jüngeren aufzunehmen und zu pflegen. Aber auch in diesen Umgebungen entstehen die Beziehungen zu jüngeren Menschen nicht von selbst, sondern bedürfen der Offenheit und der Bereitschaft der Älteren, sich darauf einzulassen.

Der Vorteil solcher Beziehungen liegt nicht nur darin, dass sich auf diese Weise die »Verdünnung« des Freundes- und Bekanntenkreises älterer Menschen erheblich vermindern lässt, sondern auch in der Chance für sie, sich mit vielen Themen und Problemen der Gegenwart zu konfrontieren und sich mit ihnen auseinanderzusetzen.

Oft beschäftigen aktuelle politische und soziale Themen zunächst und in erster Linie die junge und mittlere Generation. Die altersmäßige Durchmischung des Freundes- und Bekanntenkreises hat zur Folge, dass die älteren Menschen durch den Umgang mit den Jüngeren an diesen Fragen teilnehmen und dadurch letztlich von selbst in die Diskussion mit einbezogen sind.

Dies hat zum einen den Vorteil, dass sich die Älteren nicht von den aktuellen Problemen abkoppeln und vom Leben der Gegenwart zurückziehen. Täten sie dies, so wäre eine intellektuelle und emotionale Versteinerung die Folge. Zum anderen können beim Austausch zwischen Älteren und Jüngeren von beiden Seiten Erfahrungen eingebracht werden, die aus der je eigenen Lebensphase und der dadurch bedingten Sicht resultieren. Von einem solchen Dialog profitieren beide: Die Jüngeren können von der Lebenserfahrung der Älteren profitieren, und die Älteren können sich durch die Sicht der Jüngeren herausfordern lassen und eigene Standpunkte kritisch überdenken und bleiben dadurch intellektuell und affektiv »lebendig«.

Dabei ist allerdings zu berücksichtigen, dass »sich herausfordern lassen« und »die eigenen Standpunkte kritisch überdenken« nicht mit unkritischer Anpassung an die Meinung der Jüngeren gleichgesetzt werden darf. Gerade die Bereitschaft, sich mit aktuellen Themen auseinanderzusetzen, kann dazu führen, dass die Älteren manche Dinge – durchaus auch im Gegensatz zur jungen Generation – ablehnen, andere als irrelevant einschätzen, wiederum andere, die ihnen bisher wenig bedeutsam erschienen, aber als sehr relevant erkennen und sich für sie engagieren.

Dadurch, dass die Älteren im Dialog mit den jüngeren Generationen auf solche Probleme aufmerksam werden, nehmen sie am politischen, sozialen und kulturellen Leben der Gegenwart teil. Dies ermöglicht es ihnen auch, sich durch ihr politisches Wahlverhalten oder durch ihr Engagement in einer Gruppierung, die ihre Ziele vertritt, aktiv zu beteiligen und ihren Einfluss geltend zu machen. Die älteren Menschen sollten den *Einfluss*, den sie *im politischen Bereich* nehmen können, nicht unterschätzen, stellen sie doch mit fast 20 Prozent der Gesamtbevölkerung eine zahlenmäßig große Gruppe dar.

Wenn es um das Abschiednehmen im Alter geht, so gilt dies auch im Hinblick auf das *gesundheitliche Befinden*. Das Nachlassen der Kräfte ist eine schmerzliche Erfahrung, die keinem Menschen im höheren Lebensalter erspart bleibt. Zum Teil nehmen die Kräfte kontinuierlich, über längere Zeit fast unmerklich, ab. Zum Teil ist es aber auch ein plötzlicher Einbruch, wie ihn im oben dargestellten Beispiel Frau Steiner erlebt, als sie stürzt und sich einen Oberschenkelhalsbruch zuzieht.

Es ist charakteristisch für diese Lebensphase, dass nach solchen Unfällen selten die alten Kräfte wiedererlangt werden. Die meisten älteren Menschen müssen sich damit abfinden, dass nachher in der einen oder anderen Form gesundheitliche Einbußen bestehen. Im Allgemeinen fällt es denjenigen, die ihr Leben lang gesund und kräftig waren, besonders schwer, diesen Zustand zu akzeptieren. Sie halten mitunter lange Zeit an der Überzeugung fest, die jetzt spürbare Schwäche sei Folge einer Erkrankung, sie würden ihre alte Kraft auf jeden Fall wiedererlangen (vgl. S. 104 ff., S. 113 ff.). Je stärker sie sich an diese Hoffnung klammern, desto schmerzlicher ist es für sie, schließlich feststellen zu müssen, dass der jetzige Zustand sich nicht mehr verändern wird, sondern Ausdruck des zum Alter gehörenden Nachlassens der Kräfte ist. Auch Frau Steiner mag gehofft haben, nach dem Verheilen ihrer Verletzung die alten Kräfte wiederzuerlangen. Aber auch sie hat akzeptieren müssen, dass dies nicht der Fall ist.

Das *Nachlassen der Kräfte* hat verschiedene *Konsequenzen*: Oft geht es lediglich darum, die *Kräfte so einzuteilen*, dass sich die betreffende Person *nicht überfordert*. Damit dies gelingt, ist es jedoch nötig, die gesundheitlichen Einschränkungen realistisch wahrzunehmen und die Lebensart und den Lebensrhythmus den tatsächlich vorhandenen Möglichkeiten anzupassen. Vielfach »überfahren« gerade ältere Menschen, die sich lebenslang gesund gefühlt und keine wesentlichen körperlichen Beeinträchtigungen erlebt haben, alle Signale, die ihr Körper ihnen durch Schwächegefühle und schnellere Ermüdbarkeit liefert.

Sie glauben, den im mittleren Lebensalter ihnen entsprechenden Lebensrhythmus und die bisherige Lebensart unverändert weiterführen zu können, und erschöpfen sich dadurch umso mehr. Dies führt bei solchen Menschen im negativen Fall dann nicht zur Einsicht, »kürzer treten« zu müssen. Sie versuchen vielmehr mit besonderer Anstrengung und unter Aufbietung aller Kräfte das frühere Tempo und das Ausmaß an Aktivitäten, wie sie sie im mittleren Lebensalter bewältigen konnten, beizubehalten. Gerade dadurch erschöpfen sie sich aber umso mehr, was sie dann unter Umständen antreibt, mit nochmals größerer Anstrengung das frühere Leistungsniveau wieder zu erreichen.

So kann ein Teufelskreis entstehen, der mit dem – im Alter zu erwartenden und deshalb »natürlichen« – Nachlassen der Kräfte beginnt und sich durch das Nicht-Akzeptieren dieser Situation und den forcierten Versuch, die vom Körper gegebenen Signale zu »überfahren«, immer weiter zuspitzt. Die Folge kann ein totaler Zusammenbruch sein, der sich hätte vermeiden lassen, wenn die betreffende Person die körperlichen Signale wahr- und ernst genommen und den Lebensrhythmus darauf eingestellt hätte.

Im Grunde sind es oft nur relativ *geringfügige Änderun-*

gen, die beim Nachlassen der Kräfte nötig werden. Es müssen beispielsweise etwas häufiger Ruhepausen eingelegt werden, oder es sind bestimmte körperlich oder geistig besonders anstrengende Tätigkeiten etwas zu reduzieren. Oder es geht darum, den Tagesablauf etwas zu verändern und zu berücksichtigen, dass das Befinden und die Belastbarkeit nicht mehr so konstant sind wie im jüngeren Alter, sondern von einem Tag auf den anderen größere Veränderungen auftreten können.

Was an Änderungen nötig wird und in welchem Ausmaß diese Veränderungen im Alter sinnvollerweise zu erfolgen haben, lässt sich im Allgemeinen am besten entscheiden, wenn die älteren Menschen *auf die Signale ihres Körpers achten und sie ernst nehmen*. Dies hat nichts mit hypochondrischer Selbstbeobachtung zu tun, sondern stellt die Voraussetzung dafür dar, dass man die eigenen Kräfte angemessen einsetzt. Dies wiederum bedingt aber, dass die Betagten bereit sind, das zum Prozess des Alterns gehörende *Nachlassen der Kräfte zu akzeptieren und sich in ihrer Lebensführung darauf einzustellen*.

Nicht immer allerdings erleben ältere Menschen ein kontinuierliches, langsam erfolgendes Abnehmen ihrer Kräfte. Mitunter erfordern plötzliche gesundheitliche Einbrüche (vgl. auch S. 113 ff.) *radikale Umstellungen*, die unter Umständen mit erheblichen Einschränkungen verbunden sind.

Die im Beispiel geschilderte Frau Steiner befindet sich nach ihrem Unfall in einer derartigen Situation. Solche plötzlichen Einbrüche sind selbstverständlich nicht vorhersehbar und üben auf die betreffenden älteren Menschen oft eine schockartige Wirkung aus. Unvermittelt erleben sie ein extremes Ausmaß an Schwäche oder erleiden durch – unter Umständen daher rührende – Unfälle schwere gesundheitliche Einbußen, die oft erhebliche Umstellungen in ihrem täglichen Leben notwendig machen.

Gewiss kann sich niemand umfassend auf solche Situationen vorbereiten. Dennoch zeigen sich in den Reaktionen auf derartige plötzlich auftretenden Beeinträchtigungen der körperlichen Kräfte große Unterschiede zwischen verschiedenen Betagten. Die einen finden sich recht schnell mit den veränderten Bedingungen ab und schaffen es innerhalb relativ kurzer Zeit, ihren Alltag auf die erlittenen Einbußen abzustimmen. Auch wenn sie erhebliche Einschränkungen in Kauf nehmen müssen, akzeptieren sie ihre Situation.

Andere hingegen hadern mit ihrem Schicksal, kämpfen geradezu verzweifelt gegen die Beeinträchtigungen an und können sie absolut nicht akzeptieren. Zwischen diesen Extrempositionen besteht ein Spektrum unterschiedlicher Reaktionsformen. Ausschlaggebend für die Haltung, die den erlittenen Einbußen gegenüber eingenommen wird, ist letztlich das Ausmaß der *Akzeptanz* gegenüber den körperlichen und psychischen Einschränkungen.

Die Frage, ob ältere Menschen schneller oder langsamer gesundheitliche Einbußen akzeptieren können, hängt von verschiedenen Faktoren ab. Dabei darf »Akzeptanz« nicht mit »Resignation« und »Fatalismus« gleichgesetzt werden. Während resignierte und fatalistisch ihre Situation hinnehmende Menschen sich fallen lassen und sich voller Verzweiflung und Ressentiment ihrem Schicksal fügen, bedeutet Akzeptanz gegenüber den körperlichen und psychischen Einschränkungen, dass die Betreffenden sich *aktiv und bewusst mit ihrer Situation auseinandergesetzt* haben und sich im Verlauf der Zeit zumindest ein Stück weit damit *aussöhnen*.

Ich habe oben darauf hingewiesen, dass die plötzlichen gesundheitlichen Einbrüche die älteren Menschen unvermittelt treffen und von ihnen oft geradezu schockartig erlebt werden. Dies trifft indes nur bedingt und längst nicht für alle Betagten zu. Auch wenn sich niemand umfassend auf Unfälle im Alter oder ein plötzliches Nachlassen der Kräfte vorbereiten kann, ist doch eine *gewisse Vorbereitung* möglich und erscheint mir für eine konstruktive Verarbeitung solcher Situationen auch eminent wichtig. Die Vorbereitung besteht darin, im höheren Alter plötzliche gesundheitliche Einbrüche als *altersbedingtes Risiko einzukalkulieren* und sich der *zunehmenden Gefahr* solcher Situationen *bewusst* zu sein.

Betagte, die sich mit der Möglichkeit und dem mit dem Alter größer werdenden Risiko solcher Einbrüche bewusst auseinandersetzen, werden davon nicht so unvermittelt getroffen wie Betagte, die jeglichen Gedanken an eine solche Möglichkeit weit von sich weisen und sich dann plötzlich mit einer derartigen Situation konfrontiert sehen. Insofern ist doch eine gewisse Vorbereitung selbst auf plötzliche Einbrüche möglich.

Wie das geschilderte Beispiel von Frau Steiner zeigt, haben altersbedingte gesundheitliche Einschränkungen nicht nur einen *Autonomieverlust* auf der körperlichen Ebene zur Folge, sondern auch Auswirkungen auf den *sozialen Bereich*. Je stärker die gesundheitlichen Einschränkungen sind, desto mehr sind die Betreffenden auf *Hilfe durch Dritte* angewiesen. Diese Situation kann etliche Konflikte in sich bergen:

Zum einen fällt es längst nicht allen Menschen leicht, *Hilfe anzunehmen*, wobei allerdings große individuelle Unterschiede bestehen. Dies gilt insbesondere für die Lebensphase des höheren Alters, das durch den Verlust von Autonomie in den verschiedensten Lebensbereichen gekennzeichnet ist.

Zum anderen *verändert* sich dadurch, dass Dritte den Betagten manifeste Hilfe (in der persönlichen Pflege, aber auch bei der Erledigung der täglichen Pflichten) leisten, auch die *Art der Beziehung*, die sie miteinander pflegen. Es ist ein Unterschied – und auch diesbezüglich bestehen unterschiedliche Einstellungen zwischen den verschiedenen Menschen –, ob im Hinblick auf das Geben und Nehmen ein einigermaßen ausgeglichenes Verhältnis zwischen den

Interaktionspartnerinnen und -partnern besteht oder ob eine relativ große Asymmetrie vorliegt, indem der eine Teil eher der Gebende und der andere eher der Empfangende ist.

Wie auch immer die Situation sich gestalten mag, so ist bei gesundheitlichen Einbußen doch auf jeden Fall mit mehr oder weniger großen Auswirkungen auf den sozialen Bereich zu rechnen. Auch in dieser Hinsicht ist es wichtig, dass ältere Menschen sich bereits *im Vorfeld* bewusst mit der Möglichkeit solcher Entwicklungen auseinandersetzen. Gewiss ist dies ein Stück weit eine »Trockenschwimmübung«, denn niemand kann wissen, wie sie oder er sich in der realen Situation tatsächlich fühlen und verhalten wird.

Dennoch zeigt sich immer wieder, dass denjenigen die Anpassung an die neue Situation am besten gelingt, die sich damit bereits im Vorfeld auseinandergesetzt haben. Die neue Situation wird auf diese Weise zu etwas, das nicht unvermittelt in das Leben der älteren Menschen einbricht und die Betreffenden unter Umständen völlig aus der Bahn wirft. Das Neue wird, trotz des schmerzlichen Verlusts, der mit den gesundheitlichen Einschränkungen und den daraus resultierenden Veränderungen in den sozialen Beziehungen verbunden ist, als *zum Prozess des Alterns gehörend empfunden und angenommen.*

Im geschilderten Beispiel hat der plötzliche gesundheitliche Einbruch von Frau Steiner eine spezielle Dynamik in der Beziehung der Ehegatten ausgelöst, indem Herr Steiner nach dem Unfall seiner Frau extreme Sorge um ihre Gesundheit entwickelt und dies zu einer ebenso extremen Kontrolle ihr gegenüber führt. Auch wenn diese Dynamik beim Ehepaar Steiner ungewöhnlich stark ausgeprägt ist, geht es vielen älteren Menschen doch ähnlich wie Frau Steiner, weil die Umgebung sie stärker beobachtet, ihnen weniger zutraut und sie vor diesem oder jenem warnt, weil sie es vermeintlich – oder auch tatsächlich – nicht mehr tun können. Ungeachtet der Frage, wie realistisch diese Sorgen und Befürchtungen sein mögen, konfrontiert eine solche Situation die Betagten in jedem Fall mit Grenzen, die spürbar werden und von ihnen selbst und ihrem Umfeld beachtet werden müssen.

Dann müssen die Älteren nicht nur Abschied von den eigenen körperlichen Kräften nehmen und das mehr oder weniger große Angewiesen-Sein auf die Hilfe anderer Menschen akzeptieren, sondern sie müssen sich auch mit der Tatsache auseinandersetzen, dass ihre Umgebung ihnen plötzlich wesentlich *weniger zutraut* als bisher. Dies ist keineswegs einfach zu akzeptieren, weil den Älteren durch ein solches Verhalten der Bezugspersonen ja permanent signalisiert wird, dass sie gesundheitliche Einbußen erlitten haben.

Diese Tatsache an sich ist schon kränkend, insbesondere wenn das körperliche Befinden sich plötzlich verschlechtert hat und der betreffende ältere Mensch nicht darauf vorbereitet war. Besonders schwierig wird es aber dann, wenn die Sorge der Bezugspersonen und die Behandlung des Betagten als »schwer Kranker« erheblich von der realen Beeinträchtigung abweichen. In diesem Fall empfinden die Älteren die noch so gut gemeinten Bemühungen der anderen mit Recht als kränkend, weil sie dadurch infantilisiert werden und sich nicht ernst genommen fühlen.

In solchen Fällen können schwerwiegende Beziehungskonflikte entstehen, weil die Betagten sich bevormundet fühlen und sich gegen diese Behandlung wehren. Sie möchten so wahrgenommen und behandelt werden, wie es ihrer tatsächlichen Befindlichkeit entspricht. Die sich übermäßig und nicht der Realität entsprechend engagierenden Bezugspersonen fühlen sich ebenso gekränkt, weil sie sich nach ihrer Einschätzung doch »so viel Mühe geben«, die von den Älteren jedoch zurückgewiesen oder zumindest nicht genügend honoriert wird. Der Konflikt entsteht hier, weil die tatsächlich bestehenden gesundheitlichen Probleme der Älteren von ihrem Umfeld falsch – in diesem Fall als wesentlich gravierender, als sie tatsächlich sind – eingeschätzt werden und das Umfeld sich dementsprechend unangemessen verhält.

Eine effiziente Möglichkeit, solche *Konflikte zu vermeiden* oder sie *abzubauen*, liegt darin, dass die Älteren ihrem Umfeld klarmachen, *wie ihre tatsächliche körperliche Befindlichkeit aussieht* und in welchen Bereichen und in welchem Ausmaß sie Hilfe von außen benötigen. Voraussetzung dafür ist aber, dass sie selbst ihren körperlichen Zustand realistisch wahrnehmen. Nur dann können sie diese Informationen auch an ihre Bezugspersonen weitergeben und das Entstehen der beschriebenen Konflikte vermeiden beziehungsweise solche aus unterschiedlichen Beurteilungen des Gesundheitszustands resultierenden Konflikte möglichst schnell wieder beilegen. Wie in vielen anderen Situationen bietet hier der *offene, unvoreingenommene Dialog* am ehesten die Garantie zur Vermeidung und Lösung von Konflikten dieser Art.

Im geschilderten Beispiel entwickelt sich bei Frau Steiner indes eine besondere Dynamik, da der Ehemann enorme Angst um seine Frau erlebt und aus der Sorge heraus, sie könne nochmals stürzen, extreme Kontrolle auszuüben beginnt. Wie die Schilderung des Lebens des Ehepaars Steiner gezeigt hat, sind diese Kontrolltendenzen allerdings nicht neu, sondern haben in anderer Form (im finanziellen Bereich) bereits früher bestanden.

Eine solche Dynamik ist keineswegs selten. Häufig brechen im Alter, speziell in krisenhaften Situationen, alte individuelle und partnerschaftliche Konflikte auf. Zum Teil lassen sie sich lösen, indem die am Konflikt Beteiligten offen darüber sprechen und einen für beide Partner akzeptablen Weg suchen. Zum Teil sind es aber auch tief in den Persönlichkeiten verwurzelte Probleme, welche die Paarbeziehung von jeher stark geprägt haben.

In diesen Fällen (und das Ehepaar Steiner gehört dazu) ist

es sinnvoll, fachliche Hilfe zu suchen und die Konflikte im Rahmen einer *Paartherapie* anzugehen. Oft reichen gerade bei älteren Menschen, die sehr motiviert sind, die ihnen noch verbleibenden Jahre so gut wie möglich zusammen zu gestalten, einige wenige Sitzungen aus, um die Konflikte so weit abzubauen, dass eine Entspannung in der Beziehung eintritt und sie das Leben miteinander genießen können. Oft können in solchen Behandlungen »alte« Konflikte gelöst werden, so dass die Ehegatten sich unter Umständen sogar erstmals in ihrer Beziehung, wie Frau Steiner es am Ende der Therapie mit schelmischem Seitenblick auf ihren Mann formuliert, »vollwertig« oder in anderer Hinsicht verstanden und in umfassender Weise wohlfühlen.

In Situationen, in denen sich gravierende körperliche und geistige Beschwerden einstellen, sehen sich die Betagten der Aufgabe gegenüber, *von der Vorstellung einer ungebrochenen Gesundheit Abschied* nehmen zu müssen und zu akzeptieren, dass sie auf mehr oder weniger große *Hilfe von Dritten angewiesen* sind. Dies ist, wie oben beschrieben, kein einfacher Schritt, und wohl kein Mensch wird den damit verbundenen *Autonomieverlust* leicht hinnehmen. Gerade deshalb ist es wichtig, sich vor Augen zu halten, dass Situationen, in denen eine Person Unterstützung benötigt, dazu führen können, dass die *Beziehungen* dieses Menschen zu seinen Bezugspersonen wesentlich *an Tiefe gewinnen*. Es ist ein Irrtum anzunehmen, Angehörige und andere Hilfe Leistende empfänden ihren Einsatz nur als lästige Pflicht. Auch wenn Mühen damit verbunden sind, übernehmen viele Menschen doch gerne solche Aufgaben und erfahren dabei, wie sich die Beziehung zwischen den Betagten und ihnen intensiviert.

Die Hauptschwierigkeit liegt auf Seiten der älteren Menschen, die gewisse Hilfen in Anspruch nehmen müssen und den damit verbundenen Autonomieverlust als besonders schmerzlich empfinden. Die meisten Menschen sind zudem so erzogen worden, dass es ihnen leichter fällt, Hilfe zu leisten, als Hilfe anzunehmen. Und schließlich wird das Annehmen von Unterstützung noch dadurch erschwert, dass es oft als »Einbahnstraßen«-Situation erlebt wird, in der nur der eine Teil, in diesem Fall der Betagte, etwas erhält und selbst nichts gibt. Wie der Hinweis auf die Intensivierung der Beziehungen in der Situation vermehrter Hilfe gezeigt hat, entspricht diese »Einbahnstraßen«-Sicht jedoch nicht der Realität. *Beide* an diesem Prozess Beteiligte erleben die Bereicherung und Vertiefung der Beziehung und sind insofern sowohl Gebende als auch Empfangende.

Gewiss ist der Verlust an Autonomie nicht leicht zu verkraften. Diese Situation enthält aber auch einen durchaus positiven Aspekt, indem ältere Menschen mit gewissen Einschränkungen die *Fähigkeiten, über die sie noch verfügen, besonders schätzen.* Wenn zum Beispiel die Sehfähigkeit abnimmt, sind die Betreffenden doppelt glücklich, noch über ein gutes Hörvermögen zu verfügen und mit Hilfe von Hörbüchern nach wie vor literarische Werke rezipieren zu können. Oder wenn Hör- und Sehprobleme auftreten, die körperliche Aktivität aber weitgehend unbeeinträchtigt ist, werden Wanderungen oder Arbeiten im Garten besonders geschätzt.

Einbußen in einem Bereich lassen generell spürbar werden, wie *dankbar* wir sein müssen, in anderen Bereichen noch funktionstüchtig zu sein. Auf diese Situation lässt sich das Bild vom halbvollen oder halbleeren Glas anwenden: Die gleichen Einschränkungen können entweder als schwere Beeinträchtigung (im Sinne des halb*leeren* Glases) empfunden werden oder als Einbuße, die aber durch intakte Funktionen in anderen Bereichen bis zu einem gewissen Grad wieder wettgemacht wird (halb*volles* Glas).

Selbst wenn es schwerwiegende Beeinträchtigungen mit einem erheblichen Autonomieverlust sind, kann man nicht sagen, dass dies eine ausschließlich negativ zu bewertende Situation ist. Im Grunde bedarf es solcher Beeinträchtigungen, um den Menschen zum *Abschiednehmen von dieser Welt* bereit werden zu lassen. So erleben denn auch Angehörige und Freunde den Tod eines Menschen ohne längere Zeit bestehende Einschränkungen als ein Herausgerissen-Werden aus dem Leben, während sie das Sterben von Menschen mit schweren gesundheitlichen Einbußen viel gelassener hinnehmen und in diesem Fall davon sprechen, die Person sei »von ihrem Leiden erlöst« worden und sei in die »ewige Ruhe heimgekehrt«.

Ähnlich erleben es die vor dem Tod Stehenden selbst: Es fällt ihnen im Allgemeinen leichter, den Tod zu akzeptieren, wenn die gesundheitlichen Einschränkungen, die das Alter mit sich bringt, ein größeres Ausmaß erreicht haben und sie selbst zur Ansicht gelangt sind, es sei nun »genug«, sie würden »jetzt gerne gehen«, wie es Hochbetagte in solchen Situationen oft formulieren. Ich werde im Folgenden noch ausführlich darauf eingehen. In diesem Fall stellen die körperlichen Beschwerden und der Verlust von Autonomie nicht in erster Linie die Persönlichkeitsentwicklung behindernde und beeinträchtigende Faktoren dar, sondern ermöglichen es den Betreffenden, *loszulassen und in Frieden zu sterben*.

Gelassenheit und Weisheit im Alter – ein Mythos?

Wenn die Eheleute Kuster, sie 75 Jahre, er 78 Jahre, auf ihr Leben zurückblicken, beschreiben sie es mit den Worten: »Es geht uns gut. Finanziell hatten und haben wir keine Sorgen, wir kommen mit dem, was wir besitzen, gut durch. In unserer Partnerschaft haben wir keine Probleme, und wir sind froh, dass unsere Tochter und unser Sohn ihren Weg gemacht haben.«

Vor vier Jahren sind jedoch in ihrem Leben dunkle Wolken aufgezogen. Angela, die jüngste Tochter des Sohnes, hat die Schule abgebrochen, und zum Entsetzen der Eltern hat sich gezeigt, dass sie einen exzessiven Drogenkonsum mit Heroin, Kokain und verschiedenen Partydrogen betreibt. Dies hat zu großen Spannungen zwischen dem Sohn und der Schwiegertochter der Kusters geführt. Die Eltern der Enkeltochter werfen sich gegenseitig vor, am Drogenkonsum der Tochter schuld zu sein. Während die Mutter meint, der Vater sei zu hart und müsse der Tochter mit mehr »Liebe« und »Verständnis« begegnen, wirft er seiner Frau vor, sie sei »inkonsequent« und »viel zu nachgiebig«, sie habe die Tochter »maßlos verwöhnt, und das ist nun das Resultat!« Immer wieder auch kommt es zu heftigen Auseinandersetzungen zwischen Angela und ihren Eltern. Die Spannungen eskalieren mitunter derart, dass Angela tage- und nächtelang nicht nach Hause kommt.

Einen Höhepunkt erreichen die Konflikte, als die Eltern eines Tages feststellen, dass Angela ihnen einen hohen Geldbetrag aus der Ferienkasse, die im Schlafzimmer der Eltern steht, gestohlen hat, um ihren Drogenkonsum zu finanzieren. Voller Wut, Enttäuschung und Hilflosigkeit angesichts dieses »skrupellosen Verhaltens« der Tochter schwanken die Eltern zwischen verschiedenen Maßnahmen, die sie ergreifen wollen: Einerseits überlegen sie, Anzeige gegen Angela zu erstatten oder sie aus dem Haus zu werfen und sie damit ihrem Schicksal zu überlassen. Andererseits denken sie an einen längeren Ferienaufenthalt mit der Tochter im Ausland, um sie von der Gasse fernzuhalten. Dann wieder scheint ihnen die Einleitung einer Therapie in einer Institution für Drogenabhängige die beste Lösung zu sein. Beratungen durch verschiedene Fachleute und Gespräche mit Freunden verwirren die Eltern mehr, als dass sie ihnen eine Klärung brächten. Angela steht allen Lösungsvorschlägen ablehnend gegenüber und weigert sich insbesondere vehement gegen eine Therapieeinrichtung.

Eines Tages kommt es zu einem längeren Gespräch zwischen dem Ehepaar Kuster und Angelas Eltern. Während der Sohn und die Schwiegertochter verzweifelt sind, gereizt aufeinander reagieren und sich gegenseitig immer wieder Vorwürfe machen, bleiben Frau und Herr Kuster gelassen, sind in ihrer Argumentation abwägend und üben auf diese Weise einen beruhigenden Einfluss auf Angelas Eltern aus. Schließlich schlagen sie vor, sie würden einmal ein Gespräch mit Angela führen. Sie hätten immer ein gutes Verhältnis zur Enkeltochter gehabt. Vielleicht gelinge es ihnen eher als den Eltern, mit Angela zu besprechen, wie sie aus der augenblicklichen kritischen Situation herausfinde.

Zum Erstaunen der Eltern erklärt sich Angela bereit, mit den Großeltern zu sprechen. Nach dem Mittagessen eröffnet Frau Kuster das Gespräch mit dem Hinweis, sie mache sich große Sorgen, einerseits natürlich um die Enkeltochter, andererseits aber auch um deren Eltern. »Es tut mir natürlich leid, dass du in eine so schwere Krise geraten bist. Schlimm ist aber auch, dass ihr deshalb in der Familie so große Auseinandersetzungen habt und deine Eltern so heftig reagieren. Auf diese Weise lässt sich unserer Meinung nach die

Situation nicht verbessern, sondern die Konflikte eskalieren ja immer mehr.« Angela nickt stumm mit Tränen in den Augen. »Du musst wirklich in großer Not gewesen sein, Angela. Sonst wärst du sicher nicht so tief in die Drogen geraten«, ergänzt Herr Kuster und legt Angela tröstend die Hand auf die Schulter.

Angela hat bisher starr vor sich hingeschaut und auf die Zähne gebissen, um sich nicht anmerken zu lassen, wie verzweifelt sie ist. Nun aber bricht es aus ihr heraus: dass ihr Freund vor einigen Monaten die Beziehung zu ihr von einem Tag zum anderen abgebrochen habe und auf alle Versuche Angelas, ihn zu einer Rückkehr zu bewegen oder ihr wenigstens die Gründe für den Abbruch der Beziehung mitzuteilen, ablehnend reagiert und sich jeglichem Gespräch entzogen habe; wie sie in ihrer Verzweiflung das Angebot einer Schulkollegin, mit Hilfe von Heroin »abzuschalten«, angenommen habe und dann immer tiefer in den Drogenkonsum hineingeraten sei; dass sich daraufhin ihr Verhältnis zu den Eltern immer mehr verschlechtert und sie deshalb bei ihnen keinen Trost und keine Unterstützung gesucht habe; dass die Situation schließlich eskaliert sei, als sie den Eltern einen hohen Geldbetrag gestohlen habe, um den Drogenkonsum zu finanzieren, wobei sie zu dem Zeitpunkt vor der Alternative gestanden habe, entweder den Eltern das Geld zu entwenden oder es sich durch Prostitution zu beschaffen.

»Und das alles hast du völlig allein durchgestanden? Du armes Kind«, entfährt es Frau Kuster, und sie schließt die Enkeltochter in die Arme. »Wenn es mit deinen Eltern so große Auseinandersetzungen gab, hättest du dich doch uns anvertrauen können.« Tatsächlich habe sie immer wieder mit diesem Gedanken gespielt, meint Angela. Aber sie sei unsicher gewesen, ob die Großeltern nicht ähnlich ablehnend reagiert hätten wie die Eltern. »Ihr seid ja immerhin noch älter als die Eltern. Da hatte ich befürchtet, ihr hättet noch weniger Verständnis für mich.« Unter Tränen lächelnd, fügt Angela etwas verschämt hinzu: »Ich hätte nicht gedacht, dass ihr so gelassen – und fast möchte ich sagen: weise – reagieren würdet.«

Dieses Gespräch zwischen dem Ehepaar Kuster und ihrer Enkeltochter bringt eine entscheidende Wende im Leben von Angela und in ihrer Beziehung zu ihren Eltern. Sie erklärt sich bereit, therapeutische Hilfe zu suchen, ist heute frei von Drogen, hat ihr Abitur gemacht und studiert jetzt.

Es ist ein weitverbreitetes Vorurteil, ältere Menschen seien »engstirnig«, »konservativ«, würden sich nicht mit den Realitäten des modernen Lebens auseinandersetzen und hätten kein Verständnis für die Jugend. Das geschilderte Beispiel von Angela und ihren Eltern und Großeltern stellt keineswegs die Ausnahme dar, sondern ist eine eher typische Situation: Eltern und Kinder stehen in Konflikten miteinander, und häufig sind es die Großeltern, die mit Gelassenheit und kluger Distanz auf diese Situation reagieren und, wie das Ehepaar Kuster, dadurch einen entscheidenden Beitrag zur Lösung der Probleme leisten. Angela beschreibt die weitverbreitete Fehlannahme treffend mit den Worten: »Ich hätte nicht gedacht, dass ihr so gelassen … und weise reagieren würdet.«

Bedenken wir, welche enormen Anpassungsleistungen die heute 70-, 80- und 90-Jährigen in ihrem Leben zu erbringen hatten, so ist es mehr als erstaunlich, dass sich ein Vorurteil dieser Art entwickeln konnte und mit großer Beharrlichkeit immer wieder vertreten wird. In den seit ihrer Jugend vergangenen 60, 70 und mehr Jahren sind große, zum Teil fundamentale politische, soziale, ökonomische, technische und kulturelle Veränderungen eingetreten, und es wäre der Generation der heute Hochbetagten unmöglich gewesen, ihr Leben konstruktiv zu führen, wenn sie nicht fähig gewesen wäre, sich immer wieder an neue Bedingungen anzupassen. Bedenken wir allein, welche umwälzenden Veränderungen im technischen Bereich zu verzeichnen sind und wie stark sich die politische und soziale Landschaft verändert hat, so muss man sagen, dass gerade diese Generation Anpassungsleistungen erbracht hat, die eine besonders große *Flexibilität* erforderten.

Die geschilderte Konfliktsituation von Angela und ihren Eltern ist ein Beispiel dafür: In den 50er Jahren, als Angelas Großeltern im Alter ihrer Enkeltochter waren, war der Konsum von Drogen absolut kein Thema. Und auch später erfuhren die Kusters davon nur aus Berichten in den Medien, hatten selbst aber nie näheren Kontakt zu Menschen, die drogenabhängig waren. Sie hatten ab den 70er Jahren zwar immer wieder Drogenabhängige in der Stadt gesehen und über ihr Leben in der Presse gelesen und darüber Beiträge im Fernsehen gesehen. Doch als reales, sie näher berührendes Problem war Drogenabhängigkeit bisher im Leben der Kusters nie aufgetaucht.

Dennoch reagieren sie, wie das geschilderte Beispiel zeigt, im Gegensatz zu Angelas Eltern in einer ausgesprochen klugen, man könnte tatsächlich mit Angela sagen »weisen« Art. Die gelassene Haltung der Kusters ist zum einen dadurch bedingt, dass sie als Großeltern emotional nicht so eng mit der Enkeltochter verstrickt sind wie die Eltern. Da die Betagten und die Jungen nicht direkt aufeinander folgenden Generationen angehören, besteht ein größerer Abstand. Dieser wirkt sich oft insofern vorteilhaft aus, als es den Älteren möglich wird, mit mehr Gelassenheit zu reagieren als die Elterngeneration. Hierin liegt begründet, dass es Enkelkindern häufig wesentlich leichter fällt, sich den Großeltern anzuvertrauen als den eigenen Eltern, und die Betagten mitunter geradezu eine Vermittlerrolle zwischen ihren eigenen Kindern und den Enkelkindern einnehmen.

Ein zweiter Grund dafür, dass die Jungen häufig bei der älteren Generation mehr Verständnis finden als bei den eigenen Eltern, liegt darin, dass die Menschen im höheren Lebensalter tatsächlich »abgeklärter« sind und eine größere Gelassenheit besitzen als die jüngere Generation. Manche Betagte drücken dies so aus, dass sie in der langen Zeit ihres Lebens schon so viel erlebt hätten, dass sie kaum noch etwas überraschen könne. Sie wissen aufgrund ihres eigenen wechselvollen Schicksals und aufgrund dessen, was sie in den Beziehungen zu anderen Menschen erlebt haben, um die vielfältigen menschlichen »Schwächen« und haben dadurch gelernt, für vieles Verständnis aufzubringen. So urteilen – und verurteilen – sie deshalb häufig nicht so impulsiv und radikal, wie Jüngere es oft tun, und zeigen damit im Alter eine tolerantere Haltung, als sie selbst sie in jüngeren Jahren besessen haben. Man kann insofern tatsächlich von einer gewissen Abgeklärtheit und Weisheit des höheren Alters sprechen.

Die Leserinnen und Leser mögen sich fragen, ob dies nicht eine allzu positive Sicht ist und Betagte dieser Art nicht eher die Ausnahme als die Regel sind. Ein solcher Zweifel ist insofern berechtigt, als sich mit dem Alter nicht gleichsam zwangsläufig größere *Gelassenheit* und *Toleranz* einstellen. Es ist vielmehr so, dass diejenigen, die schon in jüngeren Jahren weltoffen und am Geschick anderer Menschen interessiert waren, diese *Fähigkeit auch im Alter behalten* und sie aufgrund ihrer Lebenserfahrung sogar noch *weiterentwickeln* können. Dies setzt allerdings die Bereitschaft voraus, sich mit den Realitäten unserer Zeit zu konfrontieren und sich dadurch herausfordern zu lassen und ihnen nicht auszuweichen.

Gewiss gibt es Betagte, die sich gleichsam von der Gegenwart abkoppeln und eine Haltung des »Mich interessiert das alles nicht mehr« einnehmen. Eine solche am Geschick anderer Menschen wenig interessierte Einstellung ist jedoch nicht durch das Alter bedingt, sondern hat, wenn man das Leben dieser Menschen genauer betrachtet, schon von jeher bestanden. Nur ist sie in jüngeren Jahren unter Umständen nicht ganz so deutlich hervorgetreten wie jetzt im höheren Alter. Solche Menschen haben von jeher wenig Anteil am Geschick anderer Menschen genommen und ein nur geringes Interesse für die sozialen Probleme und die politischen, kulturellen und religiösen Themen ihrer Umgebung aufgebracht. Solange sie noch berufstätig waren, sind sie zwangsläufig zumindest ein Stück weit mit diesen Realitäten konfrontiert worden und konnten sich der Auseinandersetzung damit nicht völlig entziehen. Mit dem Austritt aus dem Beruf zeigt sich ihr Desinteresse an dem, was um sie herum vor sich geht, jedoch deutlicher. Nur ist dies keine neue, durch den Alterungsprozess bedingte Haltung, sondern eine Weiterführung der bisherigen Einstellung.

Umgekehrt können wir feststellen, dass aufgeschlossene Menschen auch im hohen Alter aufgeschlossen bleiben und diese Einstellung sogar noch intensivieren können, weil sie ihrer Umwelt mit *größerer Lebenserfahrung* und daraus resultierender Gelassenheit begegnen. Sie haben gelernt, dass das Sprichwort, es werde nichts so heiß gegessen, wie es gekocht werde, nicht bedeutet, sich von allem zurückzuziehen oder eine resignative, passive Haltung einzunehmen, sondern dass damit eine kluge Gelassenheit gemeint ist.

Die älteren Menschen sind in diesem Fall fähig, ihre Gegenwart aus einer *größeren Distanz zu beurteilen und zwischen Wichtigem und Unwichtigem zu differenzieren.* Sie kommen dadurch häufig schneller »auf den Punkt«, weil sie sich nicht durch Nebensächlichkeiten beirren lassen, selbst wenn diese sich noch so sehr in den Vordergrund drängen. Sie konzentrieren sich vielmehr aufgrund ihrer Lebenserfahrung auf das Wesentliche.

Angelas Großeltern sind ein Beispiel für diese Klugheit

und Gelassenheit, die ältere Menschen entwickeln können, wenn sie bereit sind, sich mit den Problemen der Gegenwart auseinanderzusetzen. Sie wenden sich der Enkeltochter frei von Vorurteilen und sich auf das Wesentliche konzentrierend zu und ermöglichen es ihr dadurch, ihnen ihre Not zu schildern. Dadurch bahnen sie den Weg zu einer konstruktiven Lösung der Konfliktsituation. Durch ihre gelassene, im besten Sinne distanzierte (was keineswegs heißt: emotionslose, uninteressierte!) Haltung gelingt es ihnen, sich nicht mit in den Strudel des Konflikts zwischen ihrem Sohn und der Enkeltochter ziehen zu lassen und eine für alle Beteiligten positive Atmosphäre zu schaffen.

In Diskussionen über das höhere Alter taucht immer wieder die Frage auf, wie das *Verhältnis zwischen den Generationen* aussieht. Häufig wird die Ansicht vertreten, in der Gegenwart seien die Gräben zwischen den Generationen besonders tief. Meist werden in diesem Zusammenhang kriminelles Verhalten von Jugendlichen gegenüber älteren Menschen und das negative Image, das Betagte oft bei den Jungen hätten, angeführt. Das Fazit solcher Überlegungen lautet dann, es gebe keine Verständigung zwischen den Generationen, den einen wie den anderen fehle es an Interesse aneinander und an Toleranz füreinander, und das Resultat seien negative Etikettierungen auf beiden Seiten (»die unmögliche Jugend« versus »die verknöcherten Alten«).

Das geschilderte Beispiel zeigt eine völlig andere Situation, die weit eher der Realität entspricht: Es sind gerade die Großeltern, die das größte Verständnis für Angela aufbringen, und die Enkeltochter hat das größte Vertrauen nicht zu den Eltern, sondern zu den Großeltern. Das Beispiel lässt auch erkennen, dass das Argument, es gebe keine konstruktive Kommunikation zwischen den Generationen, allzu einseitig ist und für einen großen Teil von jüngeren wie älteren Menschen absolut nicht zutrifft. Die Kommunikation zwischen dem Ehepaar Kuster und Angela ist ausgesprochen konstruktiv, und es besteht ein großes Verständnis der Großeltern für die Enkeltochter. Und erst das Gespräch zwischen ihnen ebnet Angela und ihren Eltern den Weg zu einer Lösung der Konfliktsituation.

Außerdem ist bei der Frage, wie das Verhältnis zwischen den Generationen aussieht, zu berücksichtigen, dass die heute lebende ältere Generation sich gegenüber früheren Zeiten *ökonomisch* in einer wesentlich besseren, vor allem *unabhängigeren Situation* befindet als die älteren Menschen in früheren Zeiten und dass dadurch Generationenkonflikte entschärft werden. Während früher die Jüngeren für die Älteren sorgen mussten und die Betagten ökonomisch völlig abhängig von den Jüngeren waren, bestehen heute solche Abhängigkeiten nicht mehr, da die Pensionierten durch Renten und Versicherungen ihre eigenen Einkünfte haben.

Diese ökonomische Unabhängigkeit der Älteren hat auch dazu beigetragen, dass Ältere und Jüngere unvoreingenommener und konfliktloser miteinander umgehen können und insgesamt mehr Toleranz und Akzeptanz füreinander aufbringen als in früheren Zeiten. Insofern besteht der oftmals beklagte »Graben zwischen den Generationen« heute in Wahrheit nicht. Mitunter hat man den Eindruck, er werde geradezu herbeigeredet.

Wenn oben die Rede davon war, dass es für ältere Menschen wichtig ist, sich von den Problemen der Gegenwart herausfordern zu lassen und am aktuellen Geschehen teilzunehmen, so darf dies nicht so verstanden werden, als komme es darauf an, dass die Betagten sich so verhalten sollten wie die jüngere Generation. Ich habe in den beiden ersten Kapiteln bereits darauf hingewiesen, dass das höhere Alter gerade die Möglichkeit bietet, die *eigenen Aktivitäten* vor allem nach der *Qualität* und der *Sinnhaftigkeit* auszuwählen

Insofern kann es nicht darum gehen, sich den Jüngeren

so weit wie möglich anzugleichen, so dass am Ende keine Unterschiede mehr zwischen den Interessen und dem Verhalten der verschiedenen Generationen auszumachen sind. Sich mit den politischen, religiösen und kulturellen Themen und den technischen Errungenschaften ihrer Zeit in konstruktiver Weise auseinandersetzende ältere Menschen sind nicht diejenigen, die sich wie Jugendliche kleiden, mit Inlineskates durch die Straßen rasen und in einem dauernden, erbitterten Konkurrenzkampf mit der jüngeren Generation stehen. Die Zürcher Autorin Eva Zeltner hat in ihrem gleichnamigen Buch anschaulich die negativen Seiten eines solchen »Generationenmix« beschrieben.

Sich mit den Zeitproblemen und -strömungen auseinanderzusetzen und Gelassenheit und so etwas wie »Weisheit« im Alter zu entwickeln, bedeutet vielmehr, *bewusst auszuwählen* und sich gerade nicht in eine Richtung drängen zu lassen, die vielleicht als »modern« und »in« gepriesen wird, letztlich aber die betreffenden älteren Menschen gar nicht interessiert und ihnen nichts Positives gibt.

Menschliche Reife zeichnet sich dadurch aus, dass die älteren Menschen unter den vielen Dingen, denen sie sich zuwenden können, diejenigen auswählen, die sich *bereichernd* für sie auswirken und *sinnstiftend* sind. Gelingt ihnen dies, so kann das höhere Alter zu einer äußerst fruchtbaren Zeit der Vertiefung des Bisherigen und des Neubeginns in Lebensbereichen werden, die in der Vergangenheit brachgelegen haben. Bei der Fülle dessen, was die Gegenwart an Möglichkeiten bietet, ist dieser Weg oft eine Gratwanderung, die einerseits *Gelassenheit und kluge Bescheidung auf das Wesentliche voraussetzt*, andererseits aber gerade *diese Fähigkeiten auch fördert*.

Es mag anachronistisch wirken, in unserer Zeit, in der die älteren Menschen weithin keinen hohen sozialen Status besitzen, den Aspekt der Weisheit im Alter zu betonen, da dieser Begriff im Allgemeinen nur in Gesellschaften zu finden ist, die den Betagten besondere Wertschätzung entgegenbringen. Aus ebendiesem Grund erscheint es mir aber wichtig, diese Dimension zu diskutieren. *Weisheit* ist ein schwieriger Begriff, schillernd in seiner Bedeutung, altbacken wirkend und aus der Alltagssprache praktisch verschwunden. Wie aus den bisherigen Ausführungen hervorgeht, umfasst er so verschiedene Aspekte wie Gelassenheit, kritische Distanz, ein Ruhen in sich selbst, konstruktive Nutzung der bisherigen Lebenserfahrung und die Bereitschaft, sich mit den Problemen der Gegenwart wie auch mit den für das höhere Alter spezifischen Themen auseinanderzusetzen.

Ich habe in diesem Zusammenhang wiederholt auf die Bedeutung der *kritischen Distanz* sich selbst und dem Umfeld gegenüber hingewiesen, die in enger Wechselwirkung mit der bisherigen *Lebenserfahrung* steht. Einerseits fördert eine selbstkritische Haltung und eine offene, zugleich aber auch kritische Einstellung zu den Themen und Menschen, mit denen Ältere zusammentreffen, bei ihnen das Wachsen von Lebenserfahrung. Allein das Älterwerden reicht aber nicht. Es ist auch kein ausschließlich kognitiver Prozess, kein Anhäufen von wie auch immer geartetem Wissen. Lebenserfahrung entsteht vielmehr aus der Bereitschaft, sich mit den verschiedenen Themen, mit denen die Umwelt uns konfrontiert, auseinanderzusetzen und bewusst Stellung zu ihnen zu nehmen, und enthält sowohl *kognitive* als auch *affektive Komponenten*.

Andererseits führt die zunehmende Lebenserfahrung aber auch zur wachsenden Fähigkeit, sich selbst kritisch gegenüberzutreten und eine optimale Distanz zu anderen Menschen und ihren Problemen einzuhalten. Dies ermöglicht es dann, im höheren Alter eine größere Gelassenheit zu entwickeln als in früheren Lebensphasen, in denen eine solche Haltung – noch – nicht möglich war.

Als einen weiteren Faktor, der bei der »Weisheit« im Alter

eine wichtige Rolle spielt, habe ich oben den des *Ruhens-in-sich-selbst* genannt. Dieses Merkmal hängt wiederum eng mit der Fähigkeit zusammen, eine kritische Distanz zu sich selbst und zu anderen Menschen einzunehmen und die bisherige Lebenserfahrung zu nutzen. In sich selbst zu ruhen bedeutet nicht, sich von der Umgebung total zurückzuziehen und sich selbst genug zu sein. Es bedeutet vielmehr, sich nicht mehr, wie vielleicht in jüngeren Jahren, durch ein eigenes Problem und durch die Probleme anderer Menschen oder durch Konflikte mit anderen um und um treiben zu lassen und darauf unter Umständen geradezu panikartig – und das würde letztlich bedeuten: unangemessen – zu reagieren.

Betagte Menschen haben schon so viel Auf und Ab erlebt, waren schon so oft in Konflikte verwickelt, die schier unlösbar erschienen, sich dann aber doch haben lösen lassen, und waren in ihrem Leben mit so unterschiedlichen Menschen, völlig verschiedenen Charakteren, Lebensweisen und Einstellungen konfrontiert, dass sie, wenn sie ihre Lebenserfahrung wirklich nutzen, eigentlich kaum noch durch etwas oder jemanden »aus der Ruhe« gebracht werden können.

Das Ehepaar Kuster im geschilderten Beispiel zeigt, wie eine solche Haltung des »Ruhens-in-sich-selbst« im Alltag aussieht und welche positive Wirkung sie entfalten kann. Dies wird umso deutlicher angesichts der Diskrepanz zwischen ihrer gelassenen, »weisen« Haltung und der großen Beunruhigung und dem panikartigen, widersprüchlichen und stark schwankenden Verhalten von Angelas Eltern.

Ein weiterer, oben genannter Faktor der »Weisheit« im Alter ist die *Auseinandersetzung mit den für das höhere Alter spezifischen Themen.* Ältere Menschen, die sich mit den Themen ihrer Lebensphase beschäftigen, nutzen einerseits ihre bisherige Lebenserfahrung und wenden sie auch auf die Auseinandersetzung mit diesen Themen an. Andererseits gewinnen sie aber auch an Lebenserfahrung, wenn sie sich den Fragen und Problemen des Alters nicht verschließen, sondern sich ihnen stellen und sich mit ihnen in konstruktiver Weise auseinandersetzen. Es sind so unterschiedliche Themen wie die körperlichen und geistigen Alterungsprozesse, die Reflexion der aktuellen und zukünftigen Wohn- und Lebenssituation, der Abschied von ihnen nahestehenden Menschen bis hin zur Auseinandersetzung mit dem eigenen Tod.

Die Auseinandersetzung mit diesen Themen ist, wie generell beim Phänomen der »Weisheit« im Alter, kein rein intellektueller Prozess, sondern er umfasst immer *kognitive und emotionale Aspekte*. Außerdem geht es, wie die Charakterisierung »Prozess« andeutet, nicht um eine Auseinandersetzung, die irgendwann »erledigt« wäre. Es ist vielmehr ein *Entwicklungsprozess* und ein *Ziel*, dem man sich nur mehr oder weniger *annähert*, da die Themen des Alters sich, wie alle Lebensthemen, immer wieder neu stellen und neu beantwortet werden müssen.

Eine weitere Komponente der »Weisheit« im Alter ist schließlich der oben genannte *Rückblick auf das eigene Leben* mit allen seinen schönen, aber auch mit den dunklen Seiten, mit freudigen und traurigen Ereignissen, mit Schuld, die Menschen im Verlauf ihres Lebens auf sich geladen haben, mit den Erfolgen und Misserfolgen und schließlich die Auseinandersetzung mit der eigenen Endlichkeit. Damit wird der Rückblick zugleich zu einem *nach vorne gerichteten Blick* und vereint für die älteren Menschen gleichsam die bisherige Lebenserfahrung und die Auseinandersetzung mit der vor ihnen liegenden Zeit.

Es mag einfach klingen, ist aber keineswegs leicht, sich einem solchen Rückblick zu stellen, ruft er doch ganz unterschiedliche und längst nicht immer nur angenehme Gefühle hervor. Die *Erinnerung an die schönen Erlebnisse* und die als erfüllend erlebten Beziehungen der Vergangenheit sowie an die in jüngeren Jahren erzielten Erfolge stellt einerseits eine Quelle der *Freude,* des *Stolzes* und des *Wohlbefindens* dar. Andererseits kann die Erinnerung gerade an diese Situationen aber auch *Trauer* auslösen, indem der ältere Mensch sich der Tatsache bewusst wird, dass all dies der Vergangenheit angehört und in dieser Form heute nicht mehr besteht. Der Rückblick ist dadurch oft mit den Gefühlen des – schmerzlich erlebten – Abschieds und des Verzichts auf vieles, was früher bestanden hat, verbunden.

Neben diesen schönen Dingen der früheren Lebensphasen können bei einem Rückblick auf die Vergangenheit aber auch mehr oder weniger zahlreiche Begebenheiten auftauchen, die nicht gelungene, zerbrochene oder in anderer Weise *belastete Beziehungen* betreffen oder mit *Schuld* zusammenhängen, welche die Betagten in der Vergangenheit auf sich geladen haben.

Ebenso kann es bei einem solchen Rückblick auf das bisherige Leben um die Auseinandersetzung mit *Verletzungen* gehen, die andere Menschen den Betagten zugefügt haben oder welche die älteren Menschen von anderen erfahren haben, ohne dass diese Konflikte bisher geklärt werden konnten. Nicht selten sind es Verletzungen, die sich nie mehr klären lassen, sei es, weil die Konfliktpartnerinnen und -partner nicht mehr leben, sei es, dass sie heute weniger denn je zu einem Dialog bereit und fähig sind.

Schließlich wird ein solcher Rückblick auch zur Einsicht führen, dass in den früheren Lebensphasen manche *Chancen verpasst* und verschiedene Seiten der eigenen Persönlichkeit *nicht gelebt* worden sind. Dies kann insofern eine bittere Erkenntnis sein, als vieles davon unwiederbringlich vorbei ist und nicht mehr nachgeholt werden kann. Die typische Reaktion darauf ist der gerade im Alter nicht selten zu hörende Satz: »Hätte ich doch nur damals …« Wichtig ist hier, einerseits das Bedauern darüber und die dadurch ausgelöste Trauer zuzulassen, andererseits aber auch diese Tatsachen zu akzeptieren und sich dankbar dessen bewusst zu sein, dass dafür vieles andere möglich war.

So erfordert es oft viel Mut der älteren Menschen, sich einem solchen Rückblick zu stellen und sich mit all den dabei auftauchenden Themen und Gefühlen auseinanderzusetzen. Dabei ist allerdings zu berücksichtigen, dass wir es auch hier nicht mit einem irgendwann erreichten Zustand zu tun haben, sondern dass es um ein *prozesshaftes Geschehen* geht, das uns *lebenslang* begleitet. Immer wieder stehen wir im Verlauf des Lebens vor der Aufgabe, Rückblick zu halten und in die Zukunft zu schauen.

Das Resultat eines solchen Reflexionsprozesses sowie die Bereitschaft, sich den oben erwähnten existenziellen Fragen zu stellen, sind wichtige Aspekte der Weisheit. Es wäre indes ein Irrtum anzunehmen, entweder besitze ein Mensch diese Bereitschaft und Fähigkeit oder nicht. Das Alter bietet vielmehr *jedem Menschen* die Chance, einen solchen Reifungsschritt zu tun und sich damit dem *anzunähern*, was wir »Weisheit« nennen können. Es bedarf dazu keiner speziellen Fähigkeiten, sondern allein des Muts, sich auf eine solche Konfrontation einzulassen und sich selbst kritisch gegenüberzutreten. Dies ist kein einfacher Weg, der aber, selbst noch kurz vor dem Tod, zu einem *Neubeginn* werden kann, wenn es zu einer *Aussöhnung* mit sich selbst und nahen Bezugspersonen gekommen ist. Oft ist es im Letzten ein Weg nach innen, wie ich ihn im folgenden Kapitel beschreiben werde.

Der Weg nach innen

Frau Schrader hat vor wenigen Tagen ihren 96. Geburtstag begangen. Für sie war es jedoch ein Tag wie jeder andere: Früh morgens kommt die Schwester und weckt sie, dann wird sie gewaschen und bekommt neue Windeln und schließlich kommt Herr Kast, der junge Zivildienstleistende, mit dem Frühstück, stellt das Kopfende ihres Bettes etwas höher und füttert sie. Aus Erfahrung weiß er, dass er dabei Geduld haben und sich Zeit nehmen muss.

Beim Brot ist zwar die Rinde bereits abgeschnitten, und es ist mit Milch aufgeweicht. Doch fällt Frau Schrader das Schlucken trotzdem schwer, selbst wenn Herr Kast ihr zwischendurch immer wieder mit der Schnabeltasse Milchkaffee zu trinken gibt. Meist muss er Frau Schrader zureden, damit sie das Frühstück nicht schon nach wenigen Bissen beendet. »Danke« oder »genug« sagt sie oft schon nach wenigen Minuten mit leiser Stimme. »Sie sollten aber doch noch etwas mehr essen und trinken«, entgegnet er jeweils. »Sie müssen doch bei Kräften bleiben.« Frau Schrader nickt dann und lässt sich weiter füttern, bis sie die Scheibe Brot, die für sie vorbereitet war, gegessen hat.

In dieser Art beginnt jeder Tag, seitdem Frau Schrader vor gut drei Jahren so geschwächt war, dass sie nicht mehr laufen oder auf den Beinen stehen konnte, ja nicht einmal mehr ohne fremde Hilfe im Sessel zu sitzen vermochte. Seit dieser Zeit ist sie »total bettlägerig«, wie die sie Pflegenden und die Angehörigen sagen. Anfangs konnte sie noch das Glas, das man ihr reichte, halten und sich die Brotstücke selbst in den Mund stecken. Doch schon bald war die Schwäche so groß geworden, dass ihr auch diese Bewegungen nicht mehr möglich waren. Sie konnte nicht einmal mehr selbst den Telefonhörer halten, wenn sie Anrufe von ihren Kindern und Enkelkindern erhielt. Wenn diese Frau Schrader telefonisch erreichen wollten, mussten sie die Anrufzeit jeweils mit den Pflegenden absprechen, die das Gespräch dann annahmen und Frau Schrader den Hörer ans Ohr hielten.

Obwohl Frau Schrader keinerlei Anzeichen eines hirnorganischen Abbaus erkennen lässt, ist ein Gespräch im engeren Sinne mit ihr seit zwei Jahren nicht mehr möglich. Auch das Sprechen strengt sie stark an, und sie verständigt sich lediglich mit Ein- und Zweiwortsätzen. Dabei zeigt sich, dass sie alles, was um sie herum geschieht, wahrnimmt und sich an Dinge, die ihr gefühlsmäßig wichtig sind, erinnert. So war für sie die Geburt des Urenkels Markus ein großes Ereignis, und sie fragt bei den Telefongesprächen mit ihrem Sohn regelmäßig, wie es Markus geht. Für andere Personen und Ereignisse ihrer Umgebung zeigt sie jedoch kein Interesse.

In früheren Jahren, ja selbst noch im Alter von 90 Jahren, war Frau Schrader eine lebhafte, vielseitig interessierte Frau. Sie hatte einen großen Bekannten- und Freundeskreis, hat gerne gelesen und hat, als ihr das wegen zunehmenden Sehproblemen immer schwerer gefallen ist, regelmäßig sie interessierende Fernsehsendungen angeschaut und sich mit einer großen Zahl von Romanen in Form von Hörbüchern beschäftigt.

Obwohl es ihr im Großen und Ganzen körperlich und geistig gutging, hat sie unter dem Nachlassen der Kräfte und dem Angewiesensein auf Hilfe von außen gelitten. Sie war früher eine aktive Frau, in deren Leben Selbstständigkeit und Unabhängigkeit einen hohen Stellenwert besessen haben. Deshalb war ihr die zunehmende Abhängigkeit von den sie Pflegenden schwer erträglich gewesen. In dieser Zeit hatte sie ab und zu geäußert, es sei jetzt »genug«, sie habe ihr Leben gelebt, nun sei es bald einmal Zeit »zu gehen«.

Bisher habe sie ein gutes Leben gehabt. Jetzt fange es an, sehr beschwerlich zu werden.

Dem Sohn und der Tochter von Frau Schrader, die in anderen Städten lebten, war bei ihren Besuchen aufgefallen, dass die Mutter nach dem 91. Geburtstag in der Tageszeitung, die sie abonniert hatte, lediglich die Hauptüberschriften las und immer seltener den Fernsehapparat anschaltete. Auf Fragen antwortete sie im Allgemeinen, die Informationen und Sendungen interessierten sie nicht. Oft saß sie etliche Stunden unbeweglich in ihrem Sessel und schaute vor sich hin. So verging ein Tag wie der andere.

Neu war in diesen Jahren aber, dass Frau Schrader regelmäßig an den Gottesdiensten teilnahm, die sonntags in der Kapelle des Heims stattfanden. In früheren Jahren war sie religiösen Themen gegenüber zwar nicht ablehnend gewesen, hatte aber wenig Interesse daran gezeigt, und Gottesdienstbesuche hatten sich für sie auf den Heiligen Abend beschränkt. Seit ihrem Eintritt ins Heim besuchte sie jedoch, solange sie sich bewegen konnte, regelmäßig die Gottesdienste.

Während all der Jahre, die Frau Schrader im Pflegeheim lebte, erhielt sie von ihren Kindern und Enkelkindern Besuch. Die Angehörigen wohnten zwar alle in anderen Städten, sprachen sich aber bezüglich der Besuche ab, so dass fast jeden Monat eines ihrer Kinder oder Enkelkinder zu ihr kam. Frau Schrader freute sich jeweils über die Besuche und fragte, wie es den Familienmitgliedern gehe und ob sie mit ihrem privaten und beruflichen Leben zufrieden seien.

Zunehmend beschränkte sich ihr Interesse aber auf die engste Familie. Wenn die Angehörigen ihr von anderen Bekannten erzählten, reagierte Frau Schrader kaum darauf. Sie hörte stumm zu, fragte aber nie, und es war spürbar, dass diese Themen sie eigentlich nicht interessierten. Auch Gespräche über aktuelle Tagesereignisse waren schließlich nicht mehr möglich. Entweder zeigte Frau Schrader gar keine Reaktion, so dass den Angehörigen völlig unklar war, ob sie ihnen überhaupt zugehört hatte. Oder sie schüttelte den Kopf oder zuckte mit den Schultern, um anzudeuten, dass sie all dem keinerlei Bedeutung beimesse.

Seitdem Frau Schrader bettlägerig ist, erwähnt sie nicht mehr, wie noch vor wenigen Jahren, dass sie des Lebens überdrüssig sei und es eigentlich Zeit sei »zu gehen«. Auf Fragen, wie sie sich fühle, antwortet sie stets, es gehe ihr gut, sie habe keinerlei Schmerzen (früher hatte sie unter rheumatischen Schmerzen gelitten) und könne sehr gut schlafen. Als die Tochter sie bei einem Besuch fragte, ob sie auch träume, berichtete Frau Schrader, dass sie sehr viel träume. Es seien meist Szenen, die sie in ihrer Kindheit, Jugend und im Erwachsenenalter tatsächlich erlebt habe. »Das ist ja fast so, als ob du dein Leben Revue passieren lässt«, meinte die Tochter lachend.

Der Freundes- und Bekanntenkreis von Frau Schrader ist im Verlauf der Jahre erheblich zusammengeschmolzen. Viele sind gestorben, und die noch Lebenden befinden sich selbst in Pflegeheimen und sind nicht in der Lage, sie zu besuchen. Eine jüngere Freundin ist, seitdem Frau Schrader bettlägerig ist, noch einige Male gekommen. Sie hat dann aber den Kindern von Frau Schrader mitgeteilt, Besuche hätten »überhaupt keinen Sinn mehr«, Frau Schrader habe »ja nichts davon«, man könne sich auch nicht mehr »richtig« mit ihr unterhalten. Ein solches Leben ohne Perspektiven sei doch »trostlos«. Im Grunde wäre für Frau Schrader der Tod doch eine »Erlösung«.

Selbst die Pensionäre, die im gleichen Heim wie Frau Schrader leben und mit denen sie, als sie sich noch bewegen konnte, häufig Kontakt gepflegt hat, haben ihre Besuche bei ihr eingestellt. »Entschuldigen Sie, dass ich Ihre Mutter nicht mehr besuche. Aber das ist zu deprimierend für mich«, sagte eine betagte Frau zum Sohn von Frau Schrader, als sie ihn bei einem seiner Besuche zufällig auf dem Flur traf. »Sie war eine so lebenslustige, aufgeschlossene Frau. Und jetzt dieses Elend! Total ans Bett gefesselt, und kein Gespräch ist mehr möglich mit ihr.«

Im Verlauf der letzten zwei Jahre sind tatsächlich Gespräche im engeren Sinne mit Frau Schrader nicht mehr möglich. Die Angehörigen spüren jedoch, dass ihr die Besuche Freude bereiten und sie dankbar für jede Zuwendung ist. Die Kinder und Enkelkinder berichten ihr von ihrem Leben, und Frau Schrader hört schweigend, aber aufmerksam zu. Nur selten stellt sie in der für sie jetzt typischen Art mit ein oder zwei Worten eine Frage oder gibt einen knappen Kommentar zum Bericht der Angehörigen.

Sobald es still wird, schläft sie ein. Entweder wecken die Angehörigen sie dann nach einiger Zeit und setzen das Gespräch fort, oder Frau Schrader wacht von sich aus wieder auf und signalisiert, dass sie wieder zur Aufnahme der Kommunikation bereit ist. Häufig sitzen die Besucher aber auch still an ihrem Bett und spüren eine tiefe Verbundenheit mit ihr, ohne dass zwischen ihnen Worte gewechselt werden.

»Das ist doch ein trostloses Leben, ohne jegliche Perspektiven.« »Da ist der Tod doch eine Erlösung.« Dies sind Kommentare, die nicht selten zu hören sind, wenn es um Betagte geht, die sich in einem Zustand wie Frau Schrader befinden. Oft verbindet sich damit die Ansicht – welche die jüngere Freundin von Frau Schrader äußert –, Besuche bei der Betagten würden keinen Sinn machen, da sie »ja doch nichts davon haben«, zumal kein »richtiges« Gespräch mehr mit ihnen möglich sei.

Geht man den Hintergründen solcher Äußerungen nach, so zeigen sich zwei Aspekte:

Zum einen liegt hier ein grobes *Missverständnis* vor, wenn angenommen wird, dass *Kommunikation* vor allem oder gar ausschließlich auf der *verbalen Ebene* erfolge. Unsere Kultur und unsere Epoche sind zwar stark von der sprachlichen Kommunikation bestimmt. Doch wissen wir, dass von frühester Kindheit an bis ins höchste Alter der taktilen Kommunikation (über Berührungen, nicht zuletzt auch über die Körperpflege) eine zentrale Bedeutung zukommt. Diese Kommunikationsebene spricht in viel höherem Maße die Gefühle an, als Worte es zu tun vermögen, und erreicht auch noch Menschen, mit denen eine verbale Verständigung nicht mehr möglich ist. Das Füttern und die Körperpflege sind deshalb bei Betagten wie Frau Schrader nicht lediglich »nötige Dienstleistungen«, die von den Pflegenden zur Erhaltung der Gesundheit und aus hygienischen Gründen zu erbringen sind, sondern stellen für das psychophysische Wohlbefinden der älteren Menschen wichtige Formen der Zuwendung und des zwischenmenschlichen Austauschs dar.

Zum anderen liegt der Ansicht, Betagte wie Frau Schrader hätten nichts von einem Besuch, oft zugrunde, dass Angehörige und Freunde es nicht ertragen, den einst so aktiven, lebensfrohen Betagten jetzt in einem so »trostlosen« Zustand, »ohne Perspektiven« zu sehen, wie es die jüngere Freundin von Frau Schrader formuliert. Die Pensionärin, mit der Frau Schrader früher häufig Kontakt hatte, kommt dem eigentlichen Motiv viel näher, wenn sie darauf hinweist, dass Besuche für *sie* »zu deprimierend« seien. Frau Schraders Zustand bedeutet für diese Frau offensichtlich eine ihr unerträgliche Konfrontation mit der Möglichkeit, ihr selbst könne es einmal ähnlich ergehen.

Insofern sind Hinweise, Besuche bei Betagten, mit denen die verbale Kommunikation kaum oder gar nicht mehr möglich ist, hätten keinen Sinn, Ausdruck des *Bedürfnisses, sich selbst zu schützen.* Auch die erwähnte Formulierung, in dem Zustand, in dem sich Frau Schrader befinde, sei der Tod doch eine »Erlösung«, meint im Grunde nicht den Betagten. Die sich so äußernde Person drückt damit vielmehr aus, dass sie selbst von dem sie deprimierenden Anblick und dem Mit-Leiden mit dem älteren Menschen durch dessen Tod erlöst werden möchte.

Es ist keineswegs selten, dass betagte Menschen verstärkt die *religiöse Dimension* in ihr Leben einbeziehen. Bei Frau Schrader zeigt sich diese Offenheit für das Religiöse darin, dass sie nach dem Heimeintritt, solange sie körperlich dazu in der Lage war, häufig die Gottesdienste besuchte. Man täte den Betreffenden indes sehr Unrecht, wenn man dieses Verhalten und die dahinterstehenden Gefühle als Ausdruck einer »Torschlusspanik« aus Angst vor dem nahenden Lebensende und als Versuch, sich durch die Beschäftigung mit religiösen Themen selbst zu beruhigen, verstünde.

Wir wissen aus Untersuchungen über die Gottesbilder älterer Menschen, dass im Alter das Interesse an religiösen Themen im Allgemeinen zunimmt und mehr als in jüngeren Jahren eine Auseinandersetzung mit existenziellen Fragen stattfindet. Dabei ist für die Älteren charakteristisch, dass sie stärker als die Jüngeren von Gott die Vorstellung haben, er lenke ihr Geschick und sei ihnen nahe. In einer solchen Auseinandersetzung liegt für die älteren Menschen die große Chance, sich mit den existenziellen Grundfragen des menschlichen Lebens zu konfrontieren und zumindest ein Stück weit Antworten auf die Fragen nach dem Woher und Wohin ihres Lebens und nach dessen Sinn zu suchen.

Außerdem nehmen ältere Menschen mit zunehmendem Alter Abstand von einem ganz individuell geprägten Gottesverständnis und von persönlichen Deutungen der biblischen Botschaft. Charakteristisch für die Älteren ist die Betonung der allgemeinen, überindividuellen Merkmale Gottes. Man könnte dies so interpretieren, dass sie auf ihrem Weg nach innen von ihrem ganz individuellen Geschick mit ihren persönlichen Sorgen und Nöten und den daraus resultierenden religiösen Deutungen Abschied nehmen und sich »archetypischen«, übergeordneten Inhalten zuwenden. Auf diese Weise tritt das Persönliche hinter das Allgemeingültige zurück und ebnet dadurch den Weg zum Abschied von dieser Welt.

Dies gilt auch für Frau Schrader, deren Verhalten eine zunehmende *Wendung nach innen* erkennen lässt. Während es zunächst für andere kaum wahrnehmbare Verschiebungen der Interessen sind, eine Verringerung der Anteilnahme am Tagesgeschehen und eine gewisse Einengung auf das allernächste Hier und Jetzt, wird die Wendung nach innen zunehmend deutlicher. Oft wird dieser Prozess fälschlicherweise als »egozentrisches Kreisen um die eigene Person« interpretiert und als Folge eines hirnorganischen Abbaus oder als Ausdruck des »Sich-Abkoppelns« von unserer Welt verstanden.

Tatsächlich jedoch müssen wir hier von einem »Weg nach innen« sprechen, der nicht Rückschritt, sondern ein *konstruktives Weiterschreiten auf dem Weg der Individuation und Selbstwerdung* bedeutet. Er führt gleichsam zu den Anfängen des Lebens zurück, in eine Zeit, in der auch vor allem die gefühlsmäßige Atmosphäre und das Sich-geborgen-Fühlen in der Nähe vertrauter Menschen eine zentrale Rolle spielten. Dabei ist jedoch zu beachten, dass ein Zustand wie der, in dem sich Frau Schrader befindet, zwar manche Ähnlichkeiten mit der Situation des Säuglings haben mag (vor allem in Form des totalen Angewiesenseins auf die Pflege durch Dritte). Die Wendung des betagten Menschen nach innen spielt sich jedoch auf einer höheren Ebene ab und ist damit keine Regression, sondern eine für die Entwicklung dieses Menschen zentrale Erfahrung der *Progression*.

Wie am Beispiel von Frau Schrader beschrieben, verläuft dieser Prozess in kleinen Schritten, über längere Zeit fast unmerklich und nur den Menschen der allernächsten Umgebung spürbar. Das geringer werdende Interesse am Tagesgeschehen, wie es die Zeitungen vermitteln (Frau Schrader liest schließlich nur noch die Hauptüberschriften), die Tatsache, dass sie die Fernsehsendungen, die sie früher mit Freude angeschaut hat, nicht mehr anstellt, das spürbare Desinteresse an allem, was nicht ihre allernächste Umgebung (die sie Pflegenden) und ihre engste Familie angeht, das zunehmende Verstummen – all dies sind Hinweise auf den Weg nach innen.

Betagte in der Lebensphase wie Frau Schrader lassen ihr Leben oft noch einmal Revue passieren. Ausdruck davon sind beispielsweise die vielen Träume, die Szenen aus ihrer Kindheit und Jugend und dem späteren Leben beinhalten. Sie tun damit etwas Ähnliches, wie wir es etwa nach einer uns wichtigen Reise tun, indem wir uns an besonders eindrückliche Landschaften und Begegnungen erinnern, oder wenn wir um Verstorbene trauern und immer wieder an Begebenheiten der gemeinsamen Zeit zurückdenken.

In solchen Zeiten kann es für die Abschiednehmenden wichtig sein, sich mit anderen ihnen nahe stehenden Menschen auszutauschen und Gespräche über die gemeinsamen Erfahrungen zu führen. Das Erleben von *Solidarität* und der *Erfahrungsaustausch* mit anderen Menschen, die mit einer ähnlichen Situation konfrontiert sind, können eine wichtige Stütze in dieser schweren Zeit sein.

Gerade weil wir in unserer Epoche und in der westlichen Kultur stark auf das Wort ausgerichtet sind, ist es eine viele – gerade jüngere – Menschen irritierende Erfahrung, zu einem ihnen nahe stehenden Menschen eine »sprachlose« Beziehung zu pflegen. Als besonders verunsichernd wird oft empfunden, dass die Betagten, die sich auf dem

Weg nach innen immer weiter in sich zurückziehen, wenig bis gar kein hörbares Echo mehr geben – und auch immer seltener sichtbare Zeichen. Dennoch ist es für die Betagten wichtig, dass sie die Nähe und Zuwendung von ihnen vertrauten Menschen gerade in dieser Zeit spüren.

Irgendwann aber kommt der Moment, in dem jede und jeder den Weg nach innen allein weitergehen muss und das Gespräch verstummt. Dies bedeutet jedoch nicht, dass damit die Kommunikation abbricht. Wie das Beispiel von Frau Schrader zeigt, ist es gerade dann wichtig, dass *jenseits der sprachlichen Dimension die Kommunikation auf der Gefühlsebene fortgesetzt wird.* Gelingt dies den Betagten und den ihnen Nahestehenden, so kann dies zu einer für beide Teile intensiven, trotz des bevorstehenden Abschieds *tröstlichen* und letztlich *bereichernden Erfahrung* werden.

Wie die Besuche der Angehörigen bei Frau Schrader zeigen, geht es in dieser Lebensphase oft gar nicht darum, ein längeres, kohärentes Gespräch zu führen oder bestimmte Informationen auszutauschen. Wesentlich wichtiger sind vielmehr das *stille Beieinandersein* und auch die *körperliche Berührung* in einer Atmosphäre der Vertrautheit und der Nähe, jenseits einer wie auch immer gearteten verbalen Kommunikation.

Zum Teil durch die körperliche Schwäche bedingt, zum Teil aber auch als Ausdruck eines immer weiteren Rückzugs in sich selbst schläft Frau Schrader, wie viele andere Betagte in ihrer Situation, nach kurzen Gesprächssequenzen immer wieder ein, erwacht dann wieder und setzt das Gespräch fort oder verbleibt im stummen Einvernehmen mit den sie Besuchenden. Das Wichtigste in solchen Momenten ist die *gefühlsmäßige Verbundenheit*, welche die beiden Beteiligten spüren und die eine viel tiefere Kommunikation darstellen kann als die intensivsten Gespräche.

Das Problem liegt für die Besucherinnen und Besucher

häufig darin, dass sie in einer stark vom Wort geprägten Zeit und Gesellschaft leben und es mehr oder weniger verlernt haben, auch auf der nonverbalen Ebene miteinander zu kommunizieren. Betagte, die sich in einem Zustand wie Frau Schrader befinden, aber auch Schwerkranke und Sterbende bieten uns hier die große *Chance*, auch die *nichtsprachliche Beziehungsdimension zu nutzen* und sie wieder zu erlernen – denn in der Kindheit hatten wir noch die Fähigkeit, unter Verzicht auf das Wort gefühlsmäßig mit unseren Bezugspersonen in Kontakt zu treten.

Wie oben ausgeführt, kann es für die Betagten und die ihnen nahe stehenden Menschen, die sich auf diese jenseits der sprachlichen Grenzen liegende Beziehungsebene einlassen, eine sehr bereichernde und sie angesichts des bevorstehenden Abschieds tröstliche Erfahrung sein, die ihnen eine völlig neue Kommunikationsdimension eröffnet.

Es ist kein Zufall, dass das vorliegende Kapitel sowohl bezüglich des Beispiels der hochbetagten Frau als auch im Hinblick auf meinen Kommentar das kürzeste ist. Dies bedeutet nicht, dass es um eine unwichtige Situation im Leben älterer Menschen geht. Im Gegenteil! Es ist eine *existenzielle Grenzsituation von zentraler Bedeutung*. Die Kürze der Darstellung ist ein Abbild dessen, dass in dieser Situation die sprachliche Ebene mehr und mehr an Bedeutung verliert. Viele Worte würden das, worum es hier geht, nicht klären, sondern »zerreden«. Wie dargestellt, sind das stille Beieinandersein und die gefühlsmäßige Nähe jenseits der sprachlichen Kommunikation die Begegnungsform, die dieser letzten Lebensphase entspricht.

Ausblick

»… ärmlich und traurig wäre es, sich einzig diesem Prozess des Verfalls hinzugeben und nicht zu sehen, dass auch das Greisenalter sein Gutes, seine Vorzüge, seine Trostquellen und Freuden hat«, schreibt der Dichter Hermann Hesse in seinem lesenswerten Essay »Über das Alter«. Dies schildert genau das Anliegen dieses Buches. Es geht mir nicht darum, das Schwere und das Leiden, das uns im Alter trifft und mit dem wir uns auseinandersetzen müssen, zu leugnen. Es geht mir vielmehr darum, neben den dunklen Seiten des höheren Alters auch die *Freuden*, das *Tröstliche* und die *Chancen* wahrzunehmen, die diese Lebensphase gerade in der Gegenwart bietet.

Ich habe in diesem Buch die verschiedenen Lebens- und Beziehungskonstellationen, die das Alter mit sich bringt, anhand konkreter Beispiele geschildert und kommentiert. Dabei hat sich gezeigt, dass selbst schwierige und konfliktträchtige Situationen (beispielsweise der plötzlich notwendig werdende Eintritt in ein Pflegeheim oder die vehemente Ablehnung von neuen Beziehungen im Alter durch die Angehörigen) und manchem Außenstehenden vielleicht als desolat erscheinende Entwicklungen (wie bei der im Kapitel »Der Weg nach innen« geschilderten Frau) nicht nur düster sind und zu Hoffnungslosigkeit und Verzweiflung führen müssen, sondern *Chancen für eine Neuorientierung* darstellen. Damit diese Chancen genutzt werden können, bedarf es allerdings der Bereitschaft und Fähigkeit, die bestehenden Möglichkeiten wahrzunehmen und aktiv zu gestalten.

Eines der größten Hindernisse dabei ist die Tatsache, dass heute in unserer Gesellschaft Jüngere wie Ältere vielfach ein recht *negatives Bild vom Alter* haben und alles, was das Alter mit sich bringt, nur durch diese düstere Brille anschauen. Mit einer solchen Einstellung könnte man bei allen in diesem Buch geschilderten Beispielen vor allem das Elend, das Schwere und die Einschränkungen, die das Alter mit sich bringt, sehen. Dies wäre jedoch, wie ich aufgezeigt habe, eine einseitige, der Realität in keiner Weise gerecht werdende Sicht. Sie wirkte sich insofern besonders negativ aus, als sie die Aktivität und Kreativität lähmen und die Entwicklung positiver Perspektiven verhindern würde.

Die Frage ist allerdings, wie es uns gelingen kann, diese in unserer Gesellschaft weitverbreitete *negative Sicht zu verändern.* Einstellungs- und Verhaltensänderungen im Hinblick auf das Alter müssen an *drei Ebenen* ansetzen: bei den Älteren selbst, bei den Jüngeren und bei der Gesellschaft als Ganzer.

Die *älteren Menschen* selbst müssen sich ihrer *Möglichkeiten und Kompetenzen bewusst sein* und, wenn sie bisher daran zweifeln, sich ihrer Fähigkeiten bewusst werden. Wie ich in den Kommentaren zu den biografischen Skizzen gezeigt habe, verfügen ältere Menschen über eine Fülle von Fähigkeiten und können ihre *Lebenserfahrung* konstruktiv einsetzen. Sich dieser Kompetenzen bewusst zu werden erfordert von ihnen allerdings, die ihnen von ihrer Umgebung oft suggerierten Vorstellungen, sie seien zu diesem oder jenem nicht mehr fähig, nicht unkritisch zu übernehmen, sondern zu hinterfragen und selbstständig zu entscheiden, welche Kompetenzen sie besitzen.

Gelingt ihnen dies, so entdecken sie bei sich Fähigkeiten, die sie nicht oder nicht mehr erwartet hätten, und es wird ihnen möglich, sich mit neuen Situationen auseinanderzusetzen, seien es zwischenmenschliche Probleme oder technische Neuerungen. Ihre Lebenserfahrung und die im Verlauf der Jahre gewonnene *menschliche Reife* ermöglichen es ihnen auch, Wege zu gehen, die von den Erwartungen der Umgebung abweichen – wie zum Beispiel im Alter eine neue Liebesbeziehung einzugehen. Dazu braucht es auch *Mut* und ein Stück *Zivilcourage*, wie ich sie anhand einiger biografischer Skizzen beschrieben habe.

Mut ist indes nicht ein Persönlichkeitsmerkmal, das Menschen entweder besitzen oder nicht. Er ist vielmehr eine Eigenschaft, die sich unter günstigen Bedingungen entwickelt oder im ungünstigen Fall gehemmt wird. Um die Entwicklung von Mut zu fördern, kommt es deshalb darauf an, alles zu tun, was günstige Bedingungen dafür schafft. Eine wichtige Voraussetzung ist ein *gesundes, tragfähiges Selbstbewusstsein*. Ältere Menschen mit starkem Selbstvertrauen sind am ehesten in der Lage, sich von den Erwartungen der Umgebung frei zu machen und eigene Wege zu gehen.

Mut werden auch die älteren Menschen entwickeln können, die über gute *soziale Kompetenzen* verfügen und in ihrem Leben gelernt haben, mit anderen Menschen zu kommunizieren und Konflikte in konstruktiver Weise auszutragen. Individuelle Lösungen beispielsweise in Bezug auf Wohnformen oder Beziehungsgestaltungen anzustreben birgt in sich stets die Gefahr von Konflikten mit der Umgebung. Um sich solchen Konflikten stellen und sie bewältigen zu können, brauchen die Betreffenden kommunikative, soziale Fähigkeiten.

Hinzu kommt als positiver Faktor die erwähnte *menschliche Reife*. Dies ist ein Persönlichkeitsmerkmal, über das gerade ältere Menschen aufgrund ihrer *Lebenserfahrung* verfügen können, wenn sie ihr bisheriges Leben bewusst gestaltet haben und dies auch im Alter weiterhin tun.

Mut zu entwickeln, gegen den Strom der Mehrheit zu schwimmen, setzt ferner die Fähigkeit voraus, *Spannung zu ertragen und sich nicht davon abhängig zu machen, was diese Mehrheit für »richtig« hält.* Wir wissen, dass die Gesellschaft auf die in ihr lebenden Menschen, Junge wie Alte, einen erheblichen Druck ausübt, sich sozial konform zu verhalten. Wer von den in einer Gesellschaft als verbindlich, als »selbstverständlich« betrachteten Erwartungen abweicht, sieht sich diesem Druck und den daraus resultierenden inneren und äußeren Spannungen ausgesetzt. Es braucht große Kraft und eine hohe Frustrationstoleranz, dennoch den eigenen Weg zu gehen und sich nicht dem Diktat der Majorität zu unterwerfen.

Um ungewöhnliche Wege gehen zu können, müssen sich die Älteren auch von dem *Bedürfnis nach uneingeschränkter Bestätigung* durch ihre Bezugspersonen *frei machen*. Denn etwas zu tun, das nicht den Erwartungen und Vorgaben der Umgebung entspricht, stößt – zumindest anfänglich – häufig auf Ablehnung. In einer solchen Situation kommt es darauf an, sich in den eigenen Entscheidungen nicht beirren zu lassen und den eigenen Weg trotz kritischer Kommentare der Bezugspersonen weiterzuverfolgen – wie in den dargestellten Beispielen des Studiums nach der Pensionierung, der Alters-WG und des Eingehens neuer Liebesbeziehungen im Alter. Wären die in diesen Beispielen geschilderten älteren Menschen in starkem Maße auf die Bestätigung ihrer Umgebung angewiesen gewesen, so hätten sie diese Schritte niemals getan – und hätten damit eine für ihr Wohlbefinden und ihre Selbstverwirklichung wichtige Chance verpasst.

Wichtig erscheint es mir auch, dass die Älteren *experimentierfreudig* und *neugierig* bleiben, also diese Fähigkeiten bewusst gestalten und stärken. Neugier ist eine Fähigkeit, die Kinder von Natur aus besitzen und die ihnen hilft, die Welt spielerisch zu erforschen und auf diese Weise Neues zu erlernen. Viele Erwachsene lassen diese Fähigkeit im Verlauf ihres Lebens verkümmern, weil sie sie nicht mehr verwenden. Ihnen geht damit etwas verloren, das sie auch als Erwachsene konstruktiv einsetzen könnten und das ihnen neue Wege, die aus ausgetretenen Bahnen herausführen würden, aufzeigen würde. Die geschilderten älteren Menschen, die trotz vieler skeptischer Kommentare ihrer Umgebung eine Alters-WG gegründet haben, sind ein Beispiel für eine solche von Neugier auf eine ungewöhnliche Wohnform getragene Experimentierfreudigkeit, der etwas im besten Sinne »Spielerisches« anhaftet. Neugier und Experimentierfreudigkeit besitzen auch etwas Lustvolles, Unbeschwertes und stellen damit ein Gegengewicht gegen die Schwere dar, die sonst oft mit dem Alter verbunden wird.

Einstellungsänderungen lassen sich am besten durch ganz *konkrete Erfahrungen* einleiten. Was zum Beispiel das Leben im Altenheim betrifft, ließe sich das negative Bild, das viele Jüngere wie auch Ältere von dieser Wohnform haben, realistischer gestalten und dadurch erheblich verbessern, indem die Älteren und ihre Angehörigen zu »Tagen der offenen Tür« in die Alten- und Pflegeheime eingeladen und dort über das Leben im Heim informiert würden. Günstig für den Abbau von Vorurteilen könnte sich auch ein »Probewohnen« im Heim während einer kürzeren Zeit auswirken. Auch die Möglichkeit, schon vor dem Heimeintritt regelmäßig an den Mahlzeiten im Heim teilzunehmen, kann zu einer realistischeren Sicht führen und damit Ängste und negative Bilder abbauen.

Solche Angebote gibt es an manchen Orten bereits in der einen oder anderen Form, jedoch noch längst nicht in ausreichendem Maße. In dieser Hinsicht besteht ein *großer Handlungsbedarf* auf Seiten der Heime, die nötigen Informationen zu liefern, aber auch auf Seiten der älteren Menschen und ihrer Angehörigen, sich die Informationen zu besorgen, die ihnen ein realistisches Bild vom Leben in einem Alten- und Pflegeheim vermitteln.

Aus verschiedenen Untersuchungen ist bekannt, dass in unseren Ländern nur eine verhältnismäßig kleine Zahl Betagter in Institutionen lebt. Die Mehrzahl wohnt bis ins hohe

Alter in der eigenen Wohnung. Unglücklicherweise planen viele Ältere den Übertritt in eine andere Wohnform nicht beizeiten, sondern verschieben dies, wie ich es im Kapitel »Warten bis zur letzten Minute« geschildert habe, bis zu dem Moment, in dem sie so geschwächt sind, dass sie zusammenbrechen und notfallmäßig in ein Pflegeheim eintreten müssen. Die Forschung zeigt, dass dies die für das Einleben ins Heim ungünstigste Variante ist. Je besser und langfristiger der Eintritt ins Heim vorbereitet ist, desto leichter fällt es den Betagten im Allgemeinen, sich dort einzuleben.

Außerdem ist es bei frühzeitiger Planung möglich, eine der dargestellten und diskutierten *alternativen Wohnformen* zu wählen – etwa eine Alters-WG, betreutes Wohnen oder eine generationenübergreifende WG –, wie ich sie im Kapitel über die alternativen Wohnformen dargestellt und diskutiert habe. Diese Wohnformen stellen Alternativen zum Leben in der eigenen Wohnung und dem Leben im Heim dar, oder sind Übergangsformen zwischen beidem. Wichtig wäre, dass diese Alternativen in der Öffentlichkeit in stärkerem Maße als bisher bekanntgemacht würden und staatliche Subventionen erhielten. Eine Alters-WG beispielsweise, selbst eine solche mit einer Unterstützung durch eine Haushaltshilfe, dürfte um etliches billiger sein als der Aufenthalt in einer Institution. Außerdem ist in einer WG die Autonomie der Bewohnerinnen und Bewohner nicht in dem Maße eingeschränkt wie im Heim, wodurch die Lebensqualität in dieser alternativen Wohnform höher ist als in der Institution. Schließlich haben die Alters-WG und die anderen geschilderten alternativen Wohnformen gegenüber dem Leben in der eigenen Wohnung den großen Vorteil, dass sie wesentlich mehr Kontaktmöglichkeiten bieten und das Gefühl der persönlichen Sicherheit erhöhen. Damit die älteren Menschen solche alternativen Wohnformen wählen, muss darüber in verstärktem Maße informiert werden, und sie müssen, nicht zuletzt auch in finanzieller Hinsicht, attraktiv sein. Dazu bedarf es der Subventionen durch staatliche und gemeinnützige Stellen.

Die Älteren sollten sich auch ihrer *Macht* als relativ große Bevölkerungsgruppe *bewusst* sein und sie gezielt einsetzen. Dies kann durch ein politisches Engagement erfolgen, durch die Teilnahme an Gruppierungen wie den »Grauen Panthern« oder auch nur dadurch, dass sie sich im privaten wie im öffentlichen Bereich bei ihnen wichtigen Themen zu Wort melden und auf diese Weise ihren Einfluss geltend machen.

Eine Veränderung der Bilder vom Alter ist indes nicht nur Sache der Älteren, sondern muss ebenso von der *jüngeren Generation* geleistet werden. In erster Linie bedarf es von ihrer Seite der *Toleranz* und *Offenheit* und ihrer Bereitschaft, die bisherigen, oft negativ getönten Bilder vom Alter aufzugeben und sich Neuem zu öffnen. Dabei geht es nicht lediglich darum, die Älteren bei ihrer Suche nach neuen Wegen nicht zu behindern. Die Jüngeren müssen vielmehr auch von sich aus Vorstellungen von neuen Lebens- und Wohnformen der Älteren entwickeln, die eigene enge Sicht hinterfragen und sich aktiv beim Finden neuer Wege engagieren.

Das Ziel ist zum einen, eine Einstellungsänderung herbeizuführen, zum anderen aber auch *konkrete Maßnahmen* zu ergreifen. Dies ist insofern wichtig, als Untersuchungen zeigen, dass beispielsweise der Wissensstand von Betagten und ihren Angehörigen über das Leben in einem Altenheim und die Einstellung dazu einander in starkem Maße gleichen. Demnach ist es notwendig, dass sich nicht nur die Älteren genauer über das Leben in einer solchen Institution informieren müssen, sondern ebenso ihre Angehörigen. Auf diese Weise lassen sich die negativen Bilder bei Älteren und Jüngeren abbauen, wodurch der Weg frei wird zu einer realistischeren, positiven Sicht. Dies gilt für alle mit dem höheren Alter zusammenhängenden Fragen. Je positiver die jüngeren Menschen die Situation einschätzen, desto mehr ermuntern sie auch die Älteren, neue Wege zu beschreiten, und desto mehr tragen sie zum Abbau einseitig negativer Bilder vom Alter bei.

Wie oben ausgeführt, sind bei der Bildung und Veränderung von Einstellungen gegenüber dem Alter nicht nur die Älteren selbst und die jüngere Generation beteiligt, sondern wichtige Impulse gehen auch von der *Gesamtgesellschaft* mit ihren Institutionen und Strukturen aus. In diesem Prozess spielen die *Massenmedien* eine wichtige Rolle. Solange sie in unserer Gesellschaft den »Jugendwahn« propagieren und in Berichten, aber auch in der Werbung der Bevölkerung jugendliche und höchst attraktive junge Menschen als Maßstab, an dem sich alle zu orientieren haben, vor Augen führen, wird sich das negative Bild vom höheren Alter nicht ändern.

Deshalb bedarf es gerade in den Massenmedien einer grundlegenden Änderung. Dies muss zum einen von den *Journalistinnen und Journalisten* ausgehen. Zum anderen müssen sich aber auch die *älteren Menschen selbst zu Wort melden* und vehement *Einspruch erheben*, wenn die Massenmedien einseitig negative Bilder vom Alter verbreiten.

Ähnlich ist es bei der Änderung der negativen Bilder, die in der breiteren Öffentlichkeit und bei den älteren Menschen selbst in Bezug auf das Eingehen und Leben *erotisch-sexueller Beziehungen* bestehen. Wie in dem entsprechenden Kapitel ausgeführt, findet sich in diesem Bereich eine unheilvolle Dynamik, indem die Älteren die negativen Einstellungen, die ihre Umgebung hegt, verinnerlichen und schließlich selbst davon überzeugt sind, Erotik, Sexualität und Zärtlichkeit hätten keinen legitimen Platz mehr im Alter.

Ähnliches gilt im Hinblick auf das Vertrauen älterer Menschen in ihre *technischen Fähigkeiten*. Auch hier fehlt es ihnen im Allgemeinen in keiner Weise an der Fähigkeit, sich mit den neuen Technologien auseinanderzusetzen und sie zu nutzen, sondern ihnen wird vielfach von ihren Bezugspersonen und von den Massenmedien suggeriert, dazu seien sie »zu alt«. Dies führt dazu, dass sie sich dies schließlich selbst nicht mehr zutrauen und voller Verunsicherung und Angst Abstand von den modernen technischen Geräten halten, obwohl diese ihre Lebensqualität zum Teil wesentlich erhöhen könnten.

Auch bei diesen Themen muss die Veränderung der negativen Bilder von drei Seiten ausgehen: von den Älteren, den Jüngeren und von der breiteren Öffentlichkeit, insbesondere von den Massenmedien. Wenn es in der Werbung und in der Berichterstattung in den Medien selbstverständlich wird, dass ältere Menschen Erotik und Sexualität leben und mit technischen Geräten ebenso gut umgehen können wie die Jüngeren, wird sich das Selbstbild der Älteren dementsprechend ändern. Außerdem wird ihre Umgebung sie nicht, wie jetzt, verunsichern, ihnen Vorwürfe machen und ihnen die betreffenden Fähigkeiten absprechen, sondern sie wird die Älteren bestätigen, ermutigen und unterstützen und dadurch ihren Beitrag zur Veränderung der negativen Bilder vom Alter leisten.

Wenn bisher von der breiteren Öffentlichkeit in Gestalt der Bezugspersonen der Älteren und der Massenmedien die Rede war, so muss auch noch auf einen weiteren Bereich des öffentlichen Lebens hingewiesen werden. Dies sind die *Forschung und ihre Resultate*. Uns liegen heute etliche Forschungsbefunde zum Thema des Alterns und der Gestaltung der Zeit nach der Pensionierung vor. So sind beispielsweise Interventionskonzepte für einen möglichst reibungslosen Eintritt ins Alten- und Pflegeheim entwickelt worden, wie ich sie oben (S. 190) skizziert habe. Auch bezüglich der Begleitung vom Wohnen in der eigenen Wohnung in neue Wohnformen gibt es verschiedene Konzepte. Die allerwenigsten werden jedoch bisher eingesetzt, und sie gehören absolut nicht zum Standardprogramm der Heime.

Hier gilt es, die vorliegenden *Forschungsbefunde in der Praxis umzusetzen* und Fachleute mit dieser Umsetzung zu betrauen. Die Erfahrungen, die dabei gemacht werden, könnten dann zu Ergänzungen, Veränderungen und Weiterentwicklungen der bisherigen Interventionskonzepte führen und kämen den älteren Menschen selbst wie auch der Gesellschaft als Ganzer zugute.

In anderen Bereichen, beispielsweise bezüglich alternativer Wohnformen oder zum Eingehen sexueller Beziehungen im Alter, liegen uns bisher kaum Forschungsbefunde vor. Im Hinblick auf diese Themen kommt es darauf an, die Forschung zu intensivieren. Dies würde sich in zweierlei Hinsicht positiv auswirken: Zum einen würden mit der Formulierung solcher Forschungsprojekte und der Durchführung entsprechender Untersuchungen die betreffenden Themen ernst genommen, was eine positive Wirkung auf die Älteren und die breitere Öffentlichkeit hätte. Zum anderen könnten nach der Durchführung solcher Untersuchungen die Resultate in die Praxis umgesetzt und evaluiert werden, was zu einer Einstellungsänderung führen und die Lebensqualität älterer Menschen verbessern würde.

Beim Thema »Forschung« wird indes auch sichtbar, dass es nicht nur bedeutsam ist, dass die Fachleute sich für die Themen und Probleme der älteren Menschen interessieren. Spätestens in dem Moment, in dem die *Finanzierung* solcher Forschungsprojekte ins Spiel kommt, wird klar, dass *Politikerinnen und Politiker* und damit die Gesellschaft an sich Interesse an diesen Themen haben müssen, um dafür Forschungsgelder bereitzustellen. Denn selbstverständlich wird auch in der Forschung nur das finanziert, was als gesellschaftlich relevant angesehen wird.

Der *finanziellen Unterstützung* bedürfen auch etliche Projekte, die der Verbesserung der Lebensqualität älterer Menschen dienen. So müssten beispielsweise Projekte der *Nachbarschaftshilfe* von öffentlicher Hand unterstützt und zumindest ein Stück weit mitgetragen werden. Auch die Verbesserung und der Ausbau von Institutionen, die *Tagesstruktur* und *Beschäftigung* sowie *Entlastung von Angehörigen* bieten, können finanziell nicht selbsttragend sein, sondern benötigen staatliche Subventionen. Dabei ist zu berücksichtigen, dass solche ambulanten Einrichtungen nicht nur die Lebensqualität der Betagten wesentlich verbessern, sondern letztlich finanziell immer noch günstiger sind als eine Unterbringung in einer stationären Einrichtung.

Bei der Diskussion dieser Themen stellt sich die Frage, welches die *Ursachen* dafür sind, dass in unserer Zeit und in unserer Gesellschaft das Alter eine so negative Bewertung erfährt. Mir scheinen vor allem zwei Gründe bedeutsam zu sein, die in enger Wechselwirkung miteinander stehen:

Zum einen sehen wir uns in den mitteleuropäischen Ländern wegen der *stark gestiegenen Lebenserwartung* heute vermehrt mit Menschen konfrontiert, die 80, 90 und mehr Jahre alt sind. Dies bedeutet nicht unbedingt, dass sich dadurch besonders attraktive Zukunftsperspektiven ergeben. Das hohe Alter ist trotz aller Fortschritte der Medizin und des dadurch bedingten insgesamt guten Gesundheitszustandes der Älteren letztlich doch auch durch körperliche und geistige Einschränkungen geprägt und löst deshalb bei vielen Jüngeren *Angst* aus. Diese Angst führt zur negativen Bewertung des Alters.

Eine zweite Ursache für das negative Bild vom Alter liegt in dem in unserer Gesellschaft weit verbreiteten *Jugendlichkeitsideal*. Es dient der *Abwehr des Wahrnehmens und des*

196

Erlebens der menschlichen Endlichkeit. Durch die Werbung und die Berichte von »erfolgreichen« Menschen wird in der Öffentlichkeit das Bild »ewiger Jugend« und ungebrochener Aktivität geschaffen und aufrechterhalten. Jüngere wie Ältere orientieren sich an diesem Bild und versuchen, sich ihm so weit wie möglich anzugleichen. Durch kosmetische Operationen, Diät- und Fitnessprogramme und möglichst jugendliche Kleidung soll die Illusion ewiger Jugend mit allen Mitteln aufrechterhalten werden, um dadurch die Realität von Einschränkungen, die gerade das hohe Alter vielfach mit sich bringt, und die menschliche Endlichkeit auszublenden. Gerade weil die Menschen heute wesentlich älter werden als in der Vergangenheit, stehen sie unter dem Eindruck, dem Ziel der »ewigen Jugend« nähergekommen zu sein, und setzen deshalb alles daran, bis ins höchste Alter »jung« zu sein.

Wir werden Erfolg haben bei dem Versuch, die negativen Bilder vom Alter zu verändern, wenn wir gemeinsam diese Probleme in Angriff nehmen. Sie gehen uns *alle* an: Entweder sind wir bereits alt, oder wir haben ältere Angehörige oder werden als Jüngere auch einmal alt. Schaffen wir eine Gesellschaft, die allen ihren Mitgliedern, Jüngeren wie Älteren, gute, ihr persönliches Wachstum fördernde Lebensbedingungen bietet. Wir können je an unserem Ort und mit unseren Kompetenzen einen Beitrag dazu leisten, ein realistischeres – und das heißt: positiveres – Bild vom Alter zu gewinnen und neben dem Dunklen und Schweren dieser Lebensphase auch die Chancen zu sehen, die sie uns bietet.

Wie die Kindheit, die Jugend und die mittlere Lebensphase ihre je eigenen Chancen haben, so liegt auch im Alter ein Schatz an Möglichkeiten, die es zu nutzen gilt. Wir durchwandern in unserer Entwicklung vom Kind zum Erwachsenen und schließlich zum alten Menschen Raum um Raum und müssen immer von neuem Dinge hinter uns lassen, um uns dem Neuen zuzuwenden. Es ist der Kreislauf des Stirb und Werde, der das menschliche Leben prägt. So liegen Abschied und Neubeginn eng beieinander.

Hinweise zur Lektüre

Boeckler, Richard; Dirschauer, Klaus: Emanzipiertes Alter. Vandenhoeck & Ruprecht, Göttingen 1990

Döring, Dorothee: Ich liebe mein Alter! Endlich Zeit, das Leben zu genießen. Kreuz Verlag, Stuttgart 2007

Gruss, Peter: Die Zukunft des Alterns. Die Antwort der Wissenschaft. Beck, München 2007

Hesse, Hermann: Über das Alter. In: Hesse, Hermann; Michels, Volker: Mit der Reife wird man immer jünger. Betrachtungen und Gedichte über das Alter. Suhrkamp, Frankfurt am Main 2003

Jaeggi, Eva: Tritt einen Schritt zurück und du siehst mehr. Gelassen älter werden. Herder, Freiburg 2005

Nuland, Sherwin B.: Die Kunst zu altern. Weisheit und Würde der späten Jahre. DVA, München 2007

Marlis Pörtner: Alt sein ist anders. Personzentrierte Betreuung von alten Menschen. Klett, Stuttgart 2005

Radebold, Hartmut: Psychodynamik und Psychotherapie Älterer. Springer, Berlin 2007

Riemann, Fritz; Kleespies, Wolfgang: Die Kunst des Alterns. Reifen und Loslassen. Reinhardt TB, München 2005

Scherf, Henning: Grau ist bunt. Was im Alter möglich ist. Herder, Freiburg 2006

Schmidbauer, Wolfgang: Altern ohne Angst. Ein psychologischer Begleiter. Rowohlt Tb, Reinbek 2003

Zeltner, Eva: Generationenmix. Zytglogge Verlag, Oberhofen am Thurnersee 1988